아직 못다 한 말

_____ 님께 이 책을 드립니다.

아직 못다 한 말

초판 1쇄 발행 2018년 1월 8일
2쇄 발행 2018년 5월 24일
3쇄 발행 2019년 9월 15일

지은이 이지숙
펴낸이 장길수
펴낸곳 지식과감성#
출판등록 제2012-000081호

디자인 이다래
편집 이현, 최예슬
교정 나은비
마케팅 고은빛, 윤석영

주소 서울시 금천구 벚꽃로298 대륭포스트타워6차 1212호
전화 070-4651-3730~4
팩스 070-4325-7006
이메일 ksbookup@naver.com
홈페이지 www.knsbookup.com

ISBN 979-11-5961-992-2(03810)
값 12,000원

ⓒ 이지숙 2018 Printed in Korea

잘못된 책은 구입하신 곳에서 바꾸어 드립니다.
이 책의 전부 또는 일부 내용을 재사용하려면 사전에 저작권자와 펴낸곳의 동의를 받아야 합니다.

이 도서의 국립중앙도서관 출판예정도서목록(CIP)은 서지정보유통지원시스템
홈페이지(http://seoji.nl.go.kr)와 국가자료공동목록시스템(http://www.nl.go.kr/kolisnet)에서
이용하실 수 있습니다. (CIP제어번호 : CIP2017035642)

이 인쇄물은 포천시에서 제공하는 폰트를 사용하여 디자인 되었습니다.

홈페이지 바로가기

아직 못다 한 말

이지숙 지음

말은 곧 사람의 향기다

보석 같은 언어로
삶의 길잡이가 될 공감에세이

추억의 사진

작가의 말

　지금은 하늘에 계신 초등학교 4학년 담임 선생님의 칭찬 한마디가 오늘의 나를 문인으로 만들었습니다. 그러고 보면 살면서 누군가로부터 듣는 사랑과 격려의 말 한마디는 우리의 생을 멋지게 조각하는 데 일조를 하는 것 같습니다.

　무지갯빛 영롱한 꿈을 꾸었던 젊은 날의 그때가 가끔 그립기도 하고, 안타깝기도 합니다만 그래도 중년이 된 지금도 웬만큼 살 만한 것 같습니다. 나름대로 존재의 이유가 있기 때문이죠.

　흩어진 꿈의 조각들을 잘 맞추어서 꿈의 작품을 멋지게 완성하기를 우리 모두는 원하고 있지만, 괜찮습니다. 비록 흩어져 날아가 버린 꿈의 조각일지라도 우리는 최선을 다했기 때문입니다. 이제는 타고 가던 기차에서 내려 환승할 시간과 기회가 예전보다는 부족할지도 모르겠습니다. 그러나 이 生이 다하는 그날까지, 사랑하고 또 다른 꿈을 꾸며 그 꿈의 개화를 위해 전력 질주할 것입니다.

　책 제목인 「아직 못다 한 말」은 우리가 누군가에게 표현하지 못한 말일 수도 있고, 가슴에 작은 통증으로 남아 있는 이루지 못한 아쉬운 꿈일 수도 있습니다. 영원히 잡을 수 없는 신기루를 잡고자 잠 못 이룬 젊은 날과는 달리, 이제는 보다 성숙하고 안정된 모습으로 삶을 사랑하면서 못다 이룬 꿈의 퍼즐 조각을 조심스럽게 맞추는 작업을 해 나가겠습니다.

격려사

오래전 대학원에서 신문방송학을 공부한 제자의 책 출간을 기쁜 마음으로 격려합니다.

무상한 우리네 인생에 정답은 없으나 옳은 지혜는 있을 겁니다.

우리들이 공유할 수 있는 진정한 지혜를 찾아 전력투구하고 있는 이지숙 작가에게 격려의 박수를 보냅니다.

진솔하고 담백한 언어로 허심탄회한 소통을 시도하는 「아직 못다 한 말」이 독자들과 공감을 이룰 것으로 생각됩니다. 물질 만능의 현대사회에서 상처받고 마음이 아픈 현대인을 따뜻하게 위로하는 책으로 사랑받기 바랍니다.

우리 제자의 건승을 빕니다.

김정기 교수(한양대 신방과 교수)

목차

1
사랑과 추억의 장

사랑 비만 14 · 아직 못다 한 말 16 · 당신이 가장 듣고 싶은 단어 19 · 인생의 동반자 22 · 내 生의 잊지 못할 단 한마디 24 · 향기 나는 사람, 호감 가는 사람, 매력적인 사람 26 · 사랑의 기부 29 · 사랑의 묘약 32 · LP판의 추억 35 · 추억 적립 카드 37

2
친구의 장

친구 보험 42 · 선물 같은 친구 44 · 된장찌개 같은 친구 47 · 국화꽃 당신 49 · 인간 비타민 51

3
부모와 자식의 장

부모 자격증 56 · 추억의 옥수수 58 · 다슬기에 담긴 어머니의 사랑 60 · 부모님의 결혼기념일 62 · 흙수저 금수저 64

4
행복의 장

행복 거식증 68 · 가장 행복한 순간 70 · 행복한 사람 72 · 행복배달 집배원 74 · 행복 바이러스 76 · 만 원의 행복 78

5
이별의 장

추억의 세레나데 84 · 이별할 때도 매너가 필요하다 86 · 짧은 만남 긴 이별 90 · 가을 연가 92 · 공항의 이별 96

6
결혼과 가족의 장

결혼 인턴 100 · 우리의 결혼 이야기 102 · 딸에게 보내는 편지 I 105 · 딸에게 보내는 편지 II 108 · 세상에서 가장 특별한 선물 109 · 남편의 텃밭 가꾸기 112 · 남편의 하모니카 연주 114

7
미학의 장

버림의 미학 118 · 느림의 미학 120 · 절망 바이러스 122 · **빼는 것이 플러스다** 124 · 유모차를 끄는 할머니 126 · 인간 전자레인지 128 · 혼자 밥 먹는 사람들 (혼밥족) 130 · 군만두가 주는 행복 132 · 감정 구두쇠 133

8
인생의 장

가지 않은 길 138 · 인생의 봄날 141 · 낯선 얼굴 144 · 인생의 반전 146 · 골든 타임 149 · 종교 쇼핑 151 · 내 生의 단 한 사람 153 · 삶의 비타민 156

9
반려견의 장

새봄이 160 · 반려견의 장례식 164 · 기약 없는 기다림 167

10
진정한 아름다움의 장

아름다운 인연 172 · 진정한 용서 174 · 진정한 자존심 177 · 아름다운 사제 180 · 양심 내시경 182 · 뒷모습이 아름다운 사람 185 · 세상에서 가장 아름다운 모습 187

지금 누군가를 사랑하고 있다면,
계산하지 말고 그저 표현하세요.

모네, 《 아르장퇴유의 센 강 》

1
사랑과 추억의 장

사랑 비만

요즘은 겉으로 보기에 날씬해 보이는데도 체중을 줄이고자 노력하는 젊은이들이 많다. 체중의 숫자에 무척 집착하는 모습을 보노라면 저럴 필요가 있을까 하는 안타까운 생각까지 든다. 외견상으로 적당하게 보기 좋으면 되는데 말이다. 적당한 기준의 정도를 벗어나 과체중이 되면 비만이라고 하는데 무엇이든 지나치면 부족한 것만 못하다는 과유불급이라는 말이 있듯 적당한 중간을 유지하는 것이 쉬운 것 같지만 꼭 쉬운 것만은 아닌 것 같다.

우리는 사랑에 있어서도 자식에게 너무 많은 사랑을 퍼붓는 경향이 있다. 자식에게 올인하다 보니 노후 준비가 안 되어 있어 노후에 경제적으로 궁핍해져 아주 어려운 생활을 하는 어르신들도 종종 보게 된다. 중간, 중용, 중류층 등 상하의 중간으로 균형을 의미하는 단어는 많지만, 그 단어의 위치에 자리 잡고 있기는 생각처럼 쉬운 일은 아니다. 적당히 음식을 섭취하고 운동해야 보기 좋은 몸매가 되듯 적당한 사랑을 주어야 보기 좋은 사회적으로 반듯한 사람으로 성장하는 것이 아닐까! 때로는 지나침이 독이 될 수도 있다는 것을 우리는 알면서도 간과하는 경향이 있다. 연인 간에도 일방적으로 상대에게 사랑을 퍼붓다 보면 서로의 균형이 맞지 않아 깨지는 경우가 있다. 적당한 중심의 축이 세워질 때 그 관계는 튼튼히 유지될 수가 있는 것이다.

부모의 지나친 사랑으로 자식이 건강하게 잘 자라주면 문제가 없지만, 대부분 사랑 비만의 소유자들은 자립심이 부족하고 의존적 경향이 강하다는 문제점이 있다. 노후 준비를 잘하는 것 중의 하나가 돈을 많이 모으는 것도 중요하지만 돈이 새나가지 않도록 하는 것인데, 그러려면 자식의 자립을 빨리 보는 것이라 한다. 자식의 자립이 늦어지면 그만큼 부모로부터 경제적 도움을 청하기 때문이다.

스스로 자기조절 능력이 있으면 좋은 습관이 형성되어 바람직한 행동을 실천하며 그것이 성공으로 가는 길이라고 한다. 지나친 관심과 사랑 비만이 결코 성공의 지름길이 될 수 없다. 인간관계가 자꾸 어그러지고 갈등으로 치닫는 이유는 사랑이 없어서가 아니라 사랑하는 방법이 잘못되었기 때문이란다.

이성 간의 사랑도 적절한 크기의 사랑으로 서로에게 적합한 표현을 할 때 건강한 사랑이 이루어지듯 부모와 자식 간에도 자식이 진정으로 받고 싶은 사랑이 무엇인지, 부모가 주고 싶은 사랑과 다르지는 않은지 점검하여 서로의 교차점을 찾아야 할 것이다. 사랑의 비만으로 실패하는 삶이 되지 않도록 사랑의 다이어트를 해 보자.

"종소리를 더 멀리 내보내기 위해서 종은 더 아파야 한다"

아직 못다 한 말

이 세상을 살아가면서 하고 싶은 말을 다 하고 살아가는 사람이 과연 존재할까요? 아마도 그리 많지 않거나 거의 없을지도 모릅니다. 그때그때 상황에 따라 반드시 해야 하는 말이 있음에도 불구하고 내가 손해볼까봐 또는 상대가 화를 낼까봐 또는 내 자존심 때문에 등등 말을 못하고 가슴에 담아 두는 경우가 종종 있습니다. 그러고 나면 훗날 "그래 말을 안 하길 잘했지"라고 생각하는 사람이 있는가 하면, "죽기 전에 이 말을 이 진실을 말해야 할 텐데 말했어야 하는데"라면서 후회하고 가슴을 치는 경우도 종종 있는 것 같습니다. 말은 이미 내뱉으면 주워 담을 수도 지울 수도 없기에, 말을 하기 전에 우리는 수돗물을 정화하듯 한 번 정제해서 말을 하게 됩니다. 그러다 보니 가족 간에도, 친구 간에도, 또 깊이 사랑하는 연인 간에도 아쉬움만을 남긴 채 못다 한 말이 있을 수 있는 것입니다.

우리가 투명인간이 아니기에 상대방이 마음속에 어떤 생각을 갖고 있는지 글이나 말로 표현하지 않으면 정확하게 감지할 수 없는 경우가 있습니다. 다만 그때그때 상대방이 주는 눈빛의 느낌과 정황상 추측할 뿐입니다. 연인 간에도 사랑한다는 말을 그때그때 수없이 자주 내뱉는 사람이 있고, 사랑하면서도 말을 한다는 것이 조심스럽고 감정의 표현이 아까워 또는 자신의 자존심이 다칠까봐 표현하지 않는 사람들이 종종 주위에 있는 것 같습니다. 누군가를 만났을 때 특히 영리한 젊은이들 사이에는 계산기를 두드려 원하는 계산이 나온 다음 이 말을 하는 경우도 있다고 합니다.

"사랑과 정치는 계산하지 마라. 사랑과 정치는 꾀가 아니라 가슴으로 하는 것이다"라는 말처럼 가슴으로 느낀 만큼 표현하는 젊은이가 되었으면 좋겠습니다. 이 세상에서 가장 덧없는 소녀, 나비, 꽃 등이 가장 아름다운 것이라고 합니다. 세상에 영원한 것은 없으니 지금 이 순간의 감정을 미래라는 전당포에 저당 잡혀 숨기지 말고, 현재에 충실하게 지금 이 순간 진실된 마음을 넉넉히 표현할 때 오랜 시간이 지난 후 후회의 짚더미는 줄어들 것입니다.

지금 누군가를 사랑하고 있다면 내일 감정이 변하면 어떻게 하나, 내가 더 많이 사랑하면 손해 아닌가, 내 자존심이 상하는 것은 아닌가 등등 계산하지 말고 그저 표현하세요. 사랑하기 좋은 시간은 바로 지금입니다. 아무 계산 없이 지금 이 순간의 감정을 흠뻑 즐기세요. 시간이 지나 내가 왜 그때 말을 하지 않아서 상대를 외롭고 힘들게 했을까, 왜 떠나게 했을까, 위선적인 태도로 왜 내 자존심만을 소중한 것으로 생각했을까 등등 자신의 어리석음을 후회하지 말고 못다 한 말 다 하세요.

부모와 자식 간의 관계에서도 부모님 "고맙습니다, 사랑합니다" 등 쑥스럽고 민망하다고 이 말을 피하지 말고 표현하세요. 이 말을 할 시간은 그리 길지 않습니다. 우리가 이 말을 하려고 할 때 부모님은 이미 우리 곁에 계시지 않을지 모르니까요….

친구 간에도 "고맙다, 미안하다" 등 그때그때 하고 싶은 말을 표현하세요. 먼 훗날을 기약하다가 시간이 흘러 오해의 강은 건널 수 없을 만큼 너무 멀리 떨어지게 됩니다. 훗날 시간이 지나 가까워지려 노력해도 이미 너무 멀리 왔다는 생각이 들 때가 종종 있습니다. 감정의 회복은 쉽지 않은 것 같습니다. 더 늦기 전에 많이많이 사랑하고, 표현하고, 행복해하세요.

우리말에는 아름다운 단어들이 너무 많은데도 우리는 감정 표현하는 데 있어서, 아름다운 말을 사용하는 데 너무나도 인색한 것 같습니다. 못다 한 말이 있으면 지금이라도 빨리하는 게 어떨까요? 더 늦기 전에 하루라도 빨리… 生을 마감해야 하는 시간이 저만치서 다가오는 것을 느끼고 있는 분들도 어서 빨리 "사랑한다, 미안하다, 고맙다" 등등 아직 못다 한 가슴속에 묻어두었던 말들을 마음껏 표현하세요.

여러분들의 가슴속에 못다 한 말이 많을수록 生에 대한 회한과 아쉬움의 높이가 너무 높아 훗날 그 높이를 넘지 못한 채 가벼운 마음으로 생을 마감하지 못하는 경우도 생길지 모르겠습니다. 깃털처럼 가볍게 떠나기 위해서도 그동안 가슴속에 이러 저러한 이유로 아껴 두었던 말을 꺼내어 진솔하게 표현해 봅시다. 그 표현의 위력은 대단할 것입니다.

당신이 가장 듣고 싶은 단어

어느 리서치 연구소에서 사람들이 가장 좋아하는 단어, 듣고 싶은 단어가 무엇인지 조사를 해 본 결과 누군가로부터 가장 듣고 싶은 단어로 '사랑합니다'가 꼽혔습니다. 젊은이나 노인이나 할 것 없이 영원한 로망인 사랑에 대한 갈구는 이 생명 다할 때까지 진행될 것인데 그런 의미에서 '사랑합니다'라는 단어는 가슴이 벅차오르는 충만감을 우리 모두에게 제공하는 데 부족함이 없을 듯싶습니다.

사랑이라는 등불을 마음속에 걸어두고 살면 마음 구석구석이 밝아지고 따뜻해지는 것을 느낄 수 있지만, 사랑이 없는 건조하고 메마른 감정으로 이 세상을 살아가면 여유와 따뜻함은 없고 세상에 대한 비판과 냉소만이 남아 있는 차디찬 삶이 되는 것 같습니다.

사랑을 하고 있는 사람의 눈빛은 빛이 나고, 가슴은 넓디넓은 평화로운 정원이 되어 모든 것을 받아들이고 쉴 수 있는 공간을 만들어 갑니다. '사랑하는 자는 결핍이 있는 자'라고 합니다. 우리는 원인 모를 결핍감을 채우기 위해 한없는 사랑을 원하고 간구하고 있는지도 모릅니다. 그래서 상대로부터 가장 듣고 싶은 단어, 우리를 행복으로 채워주는 단어가 바로 '사랑합니다'인가 봅니다. 그만큼 내가 누군가로부터 존중되고 인정받는 느낌, 엄마의 배 속에서 있는 것처럼 따뜻하고 편안함을 느끼게 해주는 단어가 바로 '사랑합니다'입니다.

연인 간, 부모 자식 간, 스승과 제자 사이 등 사랑의 표현은 각기 상황에 따라 크기와 방법이 다르겠지만 '사랑합니다'라는 단어는 우리를 살맛나게 하고, 힘이 불끈 솟게 하고, 자신감을 심어 주는 넉넉한 단어임에는 틀림이 없는 것 같습니다.

책임과 의무로서가 아니라 내 마음이 저절로 상대에게 가 닿는 마음, 어떤 계산 없이 자연스레 저절로 마음이 가는 것이 바로 사랑인 것입니다. 우리가 가장 외로울 때는 우리 마음속에 사랑하는 마음이 부족할 때라고 합니다. 사랑이 있는 한 외로움은 견딜 수 있습니다. 이토록 소중한 감정인 사랑을 얻기 위해 우리는 오늘도 숱한 감정들과 부딪치며 싸우고 노력하고 있는지도 모릅니다.

살면서 타인과 감정이 일치할 때 우리는 가장 큰 위안을 받는 것처럼 사랑받을 때 또한 고단한 삶의 가치를 느끼고, 큰 위로의 힘을 얻습니다. 우리를 더욱 성장시키고 고달픈 人生의 행로에서 더 큰 보석을 얻을 수 있는 큰 힘을 쏟아 주는 '사랑합니다'라는 단어를 들으며 넉넉한 가슴으로 살 수 있도록 잃어버린 가치에 대해 더욱 간절히 소망하고 사랑해 봅시다. 더욱 풍요로운 삶을 위해서라도 무언가를 향한 간절함이 삶에서 빠져나가지 않도록 절실한 마음으로 부둥켜안아 봅시다.

그러다 보면 우리는 사람을 사랑하는 통로를 통해서 우리에게 주어진 생을 매우 사랑하고 있는 모습을 보게 될 것입니다. 이렇듯 사람을 사랑하고 자연을 사랑하고, 경이롭고 신비로운 우리의 삶을 사랑할 수 있는 무한한 힘을 제공해 주는 '사랑합니다'라는 단어를 준비된 기적을 위해 자주 많이 표현해 보는 것은 어떨까요?

인생의 동반자

살면서 어딘가 여행을 하거나, 인생의 목표를 향한 힘찬 걸음을 내딛어야 할 때 같이 동행하고 싶은 사람이 있다. 우리를 많이 이해해 줄 수 있는 편한 친구, 사랑하는 연인, 든든한 배우자, 부모님 등…. 나이가 들어 중년의 시기에 접어드니 새삼 지금 나의 옆에 있는 사람은 누구일까? 누가 나를 위해 울어줄 수 있을까? 훗날 죽음의 순간에 어느 누가 제일 슬퍼할까 등…. 人生의 동반자라는 단어를 깊이 생각해 보게 된다.

힘든 생의 가시밭길을 가면서 그 길이 험난하다고 느끼는 이유는 우리 손을 잡아주는 따뜻한 손이 없기 때문일 수도 있고 또는 어깨 위에 짊어지고 있는 삶의 무게가 진실로 너무 무겁게 느껴지기 때문일 수도 있다. 그러나 그런 순간에도 같이 걸음의 보조를 맞추며 함께 걸을 수 있는 동행인이 있으면 그 힘의 무게는 줄어들 수 있다. 걸을 때 두 손을 꼭 잡고 서로 의지하는 모습이 무척 아름다워 보이는 나이 든 부모님의 동행! 볼 때마다 가슴이 찡하면서 잔잔한 감동으로 와 닿는다.

人生은 퍼즐 맞추기라고 한다. 주어진 문제를 풀기 위해 골머리를 앓고 있는 순간에도 동행하는 사람이 있으면 지혜와 서로 힘을 나눔으로 인해 좀 더 쉽게 문제를 풀 수 있을 것이다. 다시 말하면 힘든 가시밭길도 좀 더 힘들지 않게 좀 더 지루하지 않게 즐기면서 人生의 목적지에 도달할 수 있는 힘이 생긴다는 것이다.

형제, 부모, 부부 등 가족 관계에서도 우리는 때로 같이 있어서 행복한 게 아니라 갈등하면서 괴로워하는 경우가 있다. 욕심과 집착에서 비롯되어 상대를 미워하고 원망도 하는데 동행하는 者에게 측은지심을 가지고 바라본다면 이 모두가 인연의 실타래를 푸는 좋은 인연으로 받아들이는 여유가 생길 것으로 생각된다.

우리 人生의 주인은 바로 우리이기 때문에 人生을 행복하게 할 책임과 권리도 우리에게 있다. 우리가 人生을 어떻게 바느질하느냐에 따라 행복의 씨실과 불행의 날실이 잘 배열되어 적당한 행복과 견딜 만한 불행이 우리와 함께하게 된다.

바다를 사랑하고 산을 좋아하듯이 바라는 것 없이 보는 것만으로 좋은 사람 이 生을 다할 때까지 우리 옆에 있어 줄 당신! 동행인으로 지목한 당신을 위해 기대는 마음보다 먼저 베푸는 마음을 가져 봄은 어떨지….

사랑과 정에 목말라하는 현대인으로서 당신에게 진정한 동행인은 누구일까요?

내 生의 잊지 못할 단 한마디

살면서 우리는 다양한 사람들과 많은 대화를 나누고 표현을 하게 된다. 그 많은 대화 중 평생 살아갈 수 있는 힘을 주는 희망의 언어가 있는가 하면, 가슴 한복판에 비수로 꽂혀 큰 상처를 안고 살아가게 만드는 폭력의 언어가 있다. 삶의 곳곳에서 지치고 흔들릴 때 떠올리게 되는 단어, 우리에게 진정한 위로와 격려를 주었던 어떤 단어를 당신은 평생 잊지 못할 한마디로 꼽고 싶은가!

눈을 즐겁게 하는 인간보다 가슴을 덥혀 주는 인간이 오래 남듯, 우리에게 감동을 주는 누군가의 말 한마디나 글 구절은 평생 우리에게 진정한 나침반 역할을 해주고 있는지도 모른다. 실수를 하는 제자에게 "그래 너는 잘할 수 있을 거야. 난 너를 믿는다"라는 선생님의 격려의 말씀, "어떤 경우든 너를 믿고 너의 든든한 빽이 될 거란다"라는 신뢰와 따뜻함이 담겨 있는 부모님의 말씀, "이 세상 무엇과도 바꿀 수 없는 가장 소중한 너를 많이많이 사랑한다"라는 연인의 말까지…. 우리가 듣고 싶은 말, 따뜻함이 담겨 있는 말은 무척 많은 것 같다. 그러나 정녕 우리는 누군가를 폄하하고 비판하는 데는 인색하지 않으면서 남에게 칭찬하는 말, 격려하는 말 등은 내 자신이 표현하면 뭔가 억울한 손해라도 보듯 인색함을 보이는 경우가 종종 있다.

말은 곧 사람의 향기다. 예쁘고 화려한 꽃도 향기가 좋지 않으면 곁에 두고 싶지 않고, 반대로 예쁘지는 않으나 향기가 좋으면 곁에 두고 싶어지는 것이 사람의 속성이다. 향기가 좋은 사람은 예쁘고 고운 말을 자주 쓰며, 우리는 좋은 향기가 나는 그런 사람을 좋아하게 된다. "말 한마디로 천 냥 빚을 갚는다"라는 평범한 속담처럼 어둠의 말로 누군가에게 한평생 빚지지 말고 상대에게 생기를 주고 행복감을 주는 좋은 말을 아끼지 않는 우리가 됐으면 좋겠다.

"혼자만 미안하다고 하면 바보가 되고, 혼자만 책임지겠다고 하면 왕따가 되는 세상"이라고 누군가 말했지만 그래도 격려와 용기를 주는 따뜻하고 아름다운 언어는 생과 사의 갈림길에 놓여 있는 누군가에게 새로운 삶의 의욕을 계속 펌프질해 주는 역할을 할 것임이 분명하다.

그러므로 누군가에게 보이지 않는 힘이 되기 위해서라도 지금 이 순간부터 서로에게 격려, 칭찬의 말과 함께 자신감을 불어넣어 주는 희망의 풍선을 날리며 세상을 밝혀주는 등대의 말 한마디를 나누어 봄은 어떨까? 그러다 보면 어둔 곳에도 환한 빛줄기가 스며들어 눈이 시리도록 아름다운 세상이 펼쳐지게 될 날이 반드시 올 것이다.

향기 나는 사람,
호감 가는 사람, 매력적인 사람

아름다움의 대명사로 우리 주변에 활짝 피어 있는 다양한 꽃들은 각기 다른 색깔과 향기를 가지고 있다. 수많은 꽃들 중에 각자 선호하는 꽃은 다를 것이다. 장미의 화려함과 진한 향을 선호하는 사람이 있는가 하면 들에 핀 꾸밈없이 수수한 들국화의 소박함과 은은한 향기를 좋아하는 사람도 있다.

사람들 각자의 취향과 개성에 따라 좋아하는 꽃의 종류가 다르듯 선호하는 사람들 유형도 다를 것이다. 그러나 좋아하는 요소를 공통분모로 많이 갖고 있는 자에게 대부분 사람들은 호감을 갖게 된다.

어떤 사람은 눈, 코, 입 하나하나 보면 이목구비가 무척 예쁜데 전체적으로 보면 균형이 잡히지 않은 듯 풍기는 분위기가 왠지 촌스럽고 호감이 가지 않는 사람이 있는가 하면, 이목구비 하나하나 살펴보면 대단히 예쁘지는 않은 것 같은데 얼굴 표정, 몸짓 등 전체적인 분위기가 세련되고 매력적인 사람이 있다.

만약 우리에게 둘 중에 어떤 사람이 되고 싶은가 선택하라면 전자보다는 후자가 되고 싶을 것이다. 생김새, 즉 외모의 예쁘고 밉고는 객관적일 수 있으나 매력은 어떻게 보면 사람들 각자의 주관적 관점일 수도 있다. 물론 본인이 의도하지 않는데도 선천적으로 사람을 끌어당기는 매력적인 요소를 많이 갖고 있는 사람도 있지만, 후천적으로 우리는 상대방에게 호감을 받기 위해 또는 경쟁사회에서 인정받기 위해서라도 매력적인 사람이 되기 위해 노력을 할 필요성이 있다 하겠다.

우리가 사랑을 할 때도 서로의 끌림이 있어야 하고 취직시험에서 면접을 볼 때도 면접관의 마음에 들어야 한다. 객관적 수치로 환산할 수 없는 주관적 관점의 점수 매김이 선택받기 위해 반드시 필요하다는 것이다. 왠지 모르게 더 주고 싶고, 아껴 주고 싶고, 대화하고 싶고, 함께하고 싶은 사람!

직장생활에서 매력은 적으나 능력 있는 사람과, 능력은 부족하나 호감 가는 사람 중에 누구와 일을 같이 하고 싶은가 하고 조사를 했더니 후자를 선택했다는 조사 결과가 나왔다. 그렇다면 자석이 서로 끌리듯 서로를 끌어당기는 힘, 매력 있는 사람, 호감 가는 사람, 향기 나는 사람이 되기 위해 우리는 어떤 노력을 해야 할까?

'호감은 소통과 배려의 결과물'이라고 한다. 인간사회를 움직이는 가장 강력한 요소 중 하나가 개인이 풍기는 매력으로 모든 사람은 자기가 믿고 좋아하는 사람을 믿고 신뢰하게 된다. 그렇다면 매력이 있어서 호감을 주는 사람은 데이터로 입증된 객관적 능력과는 다른 의미의 큰 능력을 갖추고 있다고 볼 수 있겠다.

성격도 좋고 이목구비가 예뻐서 누구에게나 관심을 끌고 호감을 받을 수 있는 사람이라면 물론 더할 나위 없이 좋겠지만, 선천적 외모와는 상관없이 후천적으로 노력해서 매력을 발산시키는 경우도 있겠다. 그 사람의 말투, 표현, 얼굴 표정, 미소, 특유의 버릇, 몸에서 풍기는 체취, 옷 스타일, 매너 등 한 사람을 연상하는 데는 여러 가지 요소가 있는데 이 구성 요소를 잘 활용하면 얼마든지 상대에게 매력적이고 호감 가는 사람으로 어필될 수 있을 것이다.

 나지막하고 부드러운 말투, 세심한 언어 표현, 깨끗하고 단정한 옷차림, 웃는 얼굴(싱그러운 미소), 예절 바른 태도, 상대를 배려하는 마음 등 각자의 세심한 노력으로 우리가 주위 모든 사람들에게 좋은 향기를 풍기는 매력적인 사람으로 자리 잡을 수 있으면 좋겠다.

 펌프에 붓는 한 바가지 물 '마중물'이 물을 계속 올라오게 하는 것처럼 살면서 누군가에게 꽉 막힌 곳을 뚫어 주고, 건조한 메마름에 단비를 주는 아주 소중한 사람이 될 수 있기를 우리 모두는 바라고 있는지도 모른다. 향기 나는 사람, 매력적인 사람이 되기 위해 책 한 구절을 더욱 가까이하고 주어진 일에 열정을 다하면서 땀 흘리는 거울에 비춰진 우리의 모습을 더욱 사랑해 봄은 어떨까?

사랑의 기부

우리는 사회 공동체 안에서 보이지 않는 누군가의 적지 않은 도움을 받기도 하고, 또 누군가에게 원하든 원치 않든 보이지 않는 도움을 주며 더불어 살고 있다. 우리가 가진 것이 남보다 많아서 우리보다 조금 부족한 사람에게 나눠 줄 수 있다면 행복한 사람일 것이고, 또한 재능이 출중해 누군가에게 재능을 기부할 수 있는 상황이어도 축복받은 사람일 것이다.

기부의 방법으로 돈이 많은 경제인이나 연예인이 고액을 사회단체에 기부하는 뉴스를 접하게 되는데, 뉴스에 나오는 거액의 기부자는 꼭 부자만은 아닌 것 같다. 어떤 분은 양말을 기워 신고 신발을 꿰매 신도록 알뜰하고 검소하게 살면서 모은 돈을 과학의 발전을 위해 카이스트에 주저 없이 기부하기도 했다. 가족에게 전혀 유산으로 남기지 않고 사회단체에 기부를 한다는 것이 결코 쉽지는 않을 텐데 감동의 물결과 함께 정말로 그분들은 대단한 사람이라는 생각이 소록소록 들었다.

간혹 나에게 누군가 도움을 요청하면 귀찮게 생각하는 사람이 있기도 하지만, 내가 가진 것이 많아서 누군가를 도와줄 수 있고 누군가의 부탁을 들어줄 수 있는 입장이라면 그 사람은 행복한 사람이다. 반대로 누군가에게 부탁을 하거나 도움을 청하는 입장이 된다면 그 사람은 떳떳할 수 없음에 마음이 무척 괴롭고 불편할 것이다. 그런데도 남보다 많이 가진 자 중에는 자기가 가진 것에 만족하지 않고, 재물과 명예에 더 많은 욕심을 부리는 모습을 보이는 경우도 있다.

　때로는 그 모습이 탐욕으로 비춰져 남에게 추하게 보이는데도 그들은 욕망으로 가득 찬 자신의 모습에 오히려 당당함과 자신감이 넘쳐흐른다. 나누고 베풀 줄 아는 선한 마음의 소유자는 아름다운 후광이 비추지만, 가진 것이 너무 많아 곳간에 재물이 넘쳐나도 나눌 줄 모르고 더 쌓으려는 욕심만 가득한 사람은 마음이 피폐해져 보는 이로 하여금 삭막하고 추워 보이게 한다.

　우리가 이 세상을 하직할 때 누구나 빈 몸으로 왔듯 빈 몸으로 가는 것인데, 많이 소유하고자 탐욕을 부린다는 것은 너무 부질없고 의미 없는 일로 생각된다. 모든 것을 내려놓고 재물에 담담하게 살아갈 수는 없는 것일까! 가진 것이 너무 많으면 그 많은 것을 등에 지고 갈 수 없음에 안타까울 것이고 많은 재산을 두고 어찌 눈을 편하게 감을 수 있을까?

　나보다 어려운 이웃, 추위에 떨고 있는 이웃, 희망이 없는 삶에 지쳐 가는 누군가에게 나눌 줄 아는 삶, 보듬어 줄줄 아는 여유 있는 삶, 그런 삶이 정녕 아름다울진대….

　당신이 삶을 살아가는 방식이 곧 당신의 철학이라고 할 수 있는데 당신의 삶의 철학은 남과 더불어 사는 행복한 삶인지, 아니면 소유만 하고 나눠 줄줄 모르는 이기적인 삶인지 한번 살펴보는 시간을 가져 보자. 누구에게나 수학문제 풀 듯 정해진 정답이 있는 삶은 없겠지만, 정답을 향한 다양한 문제풀이 방법이 있듯 다양한 삶의 풀이방법 중에 어떤 것이 우리에게 맞는지 진정한 나와 대면해 보자.

물질적인 기부가 어렵다면 사랑의 기부는 어떨까? 어려운 누군가에게 관심과 배려, 따뜻한 정을 나눠 주는 사랑의 기부! 어쩌면 따뜻함이 배어있는 말 한마디는 우리 모두에게 큰 액수의 돈보다 더 위대한 큰 힘을 줄지도 모른다. 사랑이라는 이름으로….

기초 수급자가 어려운 형편에도 불구하고 매달 3만 원씩 자기보다 어려운 사람들을 위해 기부한다는 따뜻한 뉴스를 접하면서, 그래도 세상은 아직 살 만한 가치가 있는 곳이라는 생각이 들었다. 가진 者든 가난한 者든 누구나 이 세상과 이별할 때는 빈손으로 간다. 진정한 나눔은 행복의 지름길이라는 것을 명심하면서 항상 가슴에 따뜻한 햇살 한 아름 안고 사는 사람이 많아지는 세상이 되길 기도해 본다.

사랑의 묘약

대학교 시절 전공교수 중에 유난히 신경질적이고 웃음기 없는 냉소적인 교수가 계셨다. 표정 없는 어둔 얼굴의 여교수 수업시간은 무척 지루했고 학생들에게는 불편한 시간이었다. 그래서 남학생들은 이 수업을 피하기 위해 다른 전공과목 찾기에 신경을 곤두세우곤 했으니 얼마나 그 교수님이 학생들을 불편하게 했는지 짐작할 수 있겠다.

그러던 어느 날부터 여교수의 표정에 웃음이 드리워졌고, 밝은색 옷차림에 화사한 화장, 농담까지 곁들이는 수업은 활기가 넘치기까지 했다. 우리들은 교수가 달라진 모습에 그 이유가 무척 궁금했던 차에 수소문을 해 보니 그분이 누군가와 사랑에 빠졌고 곧 결혼을 한다는 것이었다. 지금 미래의 배우자가 될 사람을 만나 예쁜 사랑을 나누는 달콤한 시간이었기에 표정도 밝아지고, 말투도 따뜻해지고 뭔가 알 수 없는 여유가 배어 나왔던 것이다. 우리는 환호성을 지르며 여교수의 사랑 입문에 진심으로 축하를 보냈다.

사랑! 만병통치약인 사랑이 40대 미혼인 교수에게 찾아왔던 것이다. 어찌 그렇게 교수님의 태도가 예전과 달라질 수 있는지 그 당시에 우리는 이해하기 어려웠으나 나이가 든 지금 생각해 보면 조금은 이해할 수 있을 것 같다. 동년배 주위 사람은 다 결혼을 해서 행복한 가정을 꾸렸는데, 정작 본인은 미혼으로 40대를 보내고 있으니 학생들에 대한 배려를 보일 여유가 전혀 없었던 것이다. 지금과 달리 그 당시는 40이 넘어 결혼을 하지 않고 있으면 무슨 문제가 있는 것으로 생각하기도 했기 때문이다. 누군가의 관심과 사랑을 받지 못하면 사람은 날카로워지고 따뜻한 감성보다 차디찬 이성만이 온몸을 에워싸게 되는가 보다!

살면서 사랑이 얼마나 소중한 감정인지 교수님의 사랑을 통해 새삼 강하게 느꼈던 순간이었다. 살면서 일방통행의 사랑이 아닌, 서로의 교감으로 서로를 사랑하게 되는 대상을 만나는 일이 그리 쉬운 일은 아닌 것 같다. 서로를 사랑하는 대상을 만나게 되는 것은 큰 축복이지만 평생을 살면서 단 한 번도 진실한 사랑의 경험을 나누어 보지 못한 솔로들도 주변에 많은 것을 보게 되는 요즘이다. 그만큼 예전보다 정서적으로 메마르고, 세상이 복잡다단해져서 여유가 없고 살기가 만만치 않기 때문인 것 같다.

사람을 많이 변화시키고, 불행과 행복의 냉탕과 온탕을 하루에도 몇 번씩 들락거리게 만드는 감정이 사랑이지만 사랑의 감정이 모든 사람에게 구원의 손길로 방문해 주었으면 하는 바람이다. 사랑이 오는 입구에는 초조와 행복이 함께 온다고 했다. 그만큼 행복과 초조 안타까움이 함께 공존하는 감정이지만, 우리가 어떤 약으로도 변화시킬 수 없는 한 사람을 180도 바꾸기도 하고 한 사람 인생을 구원해주는 묘약! 팍팍한 삶을 살고 있는 우리 모두에게 사랑의 묘약을 복용할 수 있는 기회가 오면 좋겠다.

왜냐하면 사랑을 하면 흔한 표현이지만 몸도 마음도 더욱 건강해지고 행복할 수 있기 때문이다. "사랑 한번 제대로 해 보고 죽는 게 사람답게 사는 것"이라고 누군가는 표현했다. 우리 모두가 따뜻한 햇살 한 아름 안고 사는 사람이 되면, 주위 환경은 누군가를 향한 분노는 없어지고 사랑의 화환으로 넘쳐날 것이다. "누군가의 손을 내밀어 붙들어 주는 것은 자기 자신을 붙들어 일으키는 것과 같다"는 표현처럼 누군가를 사랑한다는 것은 바로 나 자신을 온전히 사랑하는 것이다.

LP판의 추억

예전엔 음악을 듣고 싶을 때 지금의 핸드폰이나 mp3로 간단하게 음악을 들을 수 있는 통로가 없어, 커다랗고 둥그런 LP판을 전축 위에 끼워 얹고 바늘을 올려 들어야 하는 불편함이 있었다. 그런데 전축이 없는 사람은 이렇게 해서라도 음악을 들을 수 있는 호사를 부릴 수 없었기에 라디오를 통해서 음악에 대한 간절함을 조금이나마 채울 수 있었다. LP판이라는 단어를 떠올리니 어느새 추억여행을 떠나고 있는 나를 발견한다.

예전에 대학교 2학년 때 음악 감상실에서 음악 DJ를 한 적이 있다. 대학교 방송반에 있었기에 멘트를 쓰고 마이크를 잡고 얘기하는 것에 익숙했고, 판을 돌려 믹싱하는 것까지 1인 3역을 했다. 기억해 보면 부스실 안에서 틀어야 하는 LP판을 고르는 작업의 그 순간은 무척 설레었고, 행복했던 것 같다. 비틀즈, 존 레논, 스모키, 아바그룹 등의 팝 노래를 틀면서 나는 20대의 낭만 여행을 떠나며 젊음을 만끽하고 미래를 설계하곤 했다.

부스 안은 현재이고 부스실 안에서 보이는 바깥세계는 미래이고 꿈의 세계인 듯 보였다. 가끔 친구들이 와서 음악을 신청하고 신청한 음악을 들으며 상념의 나래를 펴는 친구의 모습들이 지금 이 순간에 마치 어제 일처럼 선명하게 떠오른다.

추억의 장 속에서 LP판은 매우 중요한 의미로 나에게 와 닿는다. 방송국 합격으로 방송일을 하고자 했으나 그 분야에 종사하던 지인이 스트레스를 엄청 많이 받는 모습을 보고 그 직업이 스트레스를 많이 받을 것으로 생각한 가족의 반대의견으로 신문기자를 하게 되었다. 살면서 어떤 선택의 기로에 있을 때, 기회를 일단 잡고 경험을 해본 후 다른 길을 가도 늦지 않는다고 생각한다. 가 보지도 않고 그 기회를 저버리는 것은 훗날 후회와 아쉬움을 낳기도 한다. 물에 발을 담가 봐야 그 물이 차가운지 뜨거운지 아는 법! 물에 담가 보지도 않고 저 물은 뜨거울 테니 발을 담그지 말도록 하는 것은 인생 선배의 바람직한 리드방법이 아닌 것 같다

물에 담가본 후 스스로 느끼고 결정하도록 하는 것이 옳다. 만약 실패를 할 경우 그 고통에 대한 체감도는 각자 다르기 때문이다. "내가 힘들었으니 너도 힘들 것이다"라는 논리는 나와 타인의 능력과 개성이 다름을 인정하지 않은 결과이다.

LP판을 보면 젊은 날 지난 진로의 선택 갈림길에 있었던 순간이 주마등처럼 스쳐 간다.

시간이 지나 훗날 추억을 되돌아볼 때 우리에게 아쉬움이 남는 애잔한 기억인지 아니면 후회가 전혀 없는 최선의 선택으로 기억될지는 각자 다를 것이다. 그러나 보다 후회가 적은 삶이 되기 위해서 주어진 선택의 순간에 우리 모두는 좌고우면하고 신중하고 또 신중해야 할 것이다. 지난날 선택의 후회로 인생이 불행해지지 않기 위해서라도….

"세월은 물어보지 않아도 답을 알려준다"고 한다. 훗날 지난날의 선택이 맞는 답으로 자리매김할 수 있기를 바라면서 이제 추억의 문을 닫는다.

추억 적립 카드

우리는 살면서 물건을 구입할 때나 문화비 등 생활비로 지출을 해야 할 때 현찰을 내거나 카드를 사용한다. 카드를 사용하면 그날그날 적립 포인트가 쌓여 나중에 돈 대신 포인트로 물건을 구입하거나 할인을 받으면서 다른 필요한 곳에 사용할 수가 있다. 우리가 사용한 사용처 내역을 카드의 적립금으로 살펴볼 수가 있는 것이다. 살면서 쌓여지는 것이 어찌 카드 적립금뿐이겠는가! 과거 속으로 흘러가 버리는 지난 추억도 나날이 적립되어 쌓여져 가고 있다.

'추억이 없는 사람은 가난한 사람'이라는 표현이 있듯 하나하나 쌓여져 가는 추억이라는 적립은 물건을 사면서 점점 쌓여져 가는 적립 포인트보다 훨씬 의미가 있고 값진 것이다. 우리가 한꺼번에 많이 적립할 수도 없고, 켜켜이 쌓여 가는 나이테처럼 시간의 흐름 속에 조금씩 조금씩 쌓여져 가는 추억들, 바로 적립된 추억들의 두께가 우리가 살아온 인생인 것이다.

시간과 정성이 들어간 기다림이 애틋한 추억일 수도 있고, 잊힌 사랑도 적립된 추억 중 하나일 수 있다. 지나간 시간들의 내역을 들여다볼 수 있는 추억 적립카드. 카드 내역서를 보면서 좀 더 의미 있는 곳에 알뜰하게 돈을 쓸걸 하고 아쉬워하듯 적립된 추억을 들춰보면서 좀 더 예쁘고 아름다운 만남과 소중한 추억들을 모아 놓을걸 하는 후회와 아쉬움이 생길 수 있다.

추억이 쌓여져 가는 과정이 인생이라고 했던가! 지금 이 순간도 과거라는 이름으로 인생의 한 페이지로 넘어가려 하고 있다. '추억이 많은 사람은 부자'라고 한다. 물질적인 부자는 아니더라도 추억의 부자로 예쁜 추억의 앨범이 탄생되도록 오늘도 많은 얘깃거리를 만들어보자. 새로운 꿈으로 무장한 채 다양한 사람과 만나 소중한 인연을 맺고, 가 보지 않은 여러 곳을 여행하며 다양한 경험을 해 보고, 해 보지 않은 새로운 일에 도전하면서 새로운 목표를 향해 당당하게 활보해 보자. 불필요한 기억은 정리해 버리고, 삶의 원동력이 되는 여운을 남기는 추억을 적립카드에 소중히 모아 보자.

그러다 보면 화사한 수채화의 빛깔로 추억의 그림은 완성되어 있고, 인생은 희망으로 가득 찬 무지갯빛 추억들이 꽃보다 아름다운 모습으로 적립되어 있을 것이다.

'추억은 가슴에 남은 마지막 연인'이란다.

혼자 가면 빨리 갈 수 있지만
함께 가면 멀리 갈 수 있습니다.

모네, 《 아르장퇴유의 보트 경주 》

2
친구의 장

친구 보험

보험료 인상 걱정 없고

재계약 절대 없고

100년까지 완전 보장되는

'친구 보험'이 나이 들어서는 최고의 상품이라는 말이 공감 가는 나이가 되었나 보다. 누군가 이 문구를 카톡을 통해 보냈을 때, '아 그래'라고 마음 깊은 곳으로부터 올라오는 공감의 공기가 감싸는 것을 느꼈다. 노년일수록 친구가 필요한데 어떤 분은 나이 들어서 혼자 외로워하며 징징거리시는 모습을 보이기도 하고, 어떤 분은 친구들과 아주 즐겁게 시간을 보내며 유쾌하게 노년을 보내시는 분이 있다.

인생에서 가장 큰 선물은 노년까지 함께할 친구인 것 같다. 그 어떤 보험보다 중요한 친구 보험! 돈으로도 대체할 수 없는 진정한 친구가 곁에 있다면 당신은 정말 행복한 사람일 것이다. 중년인 나로서는 아직 뼛속 깊이 공감이 가지는 않지만 친구 보험의 필요성에 어느 정도 고개를 끄덕이게 한다. 가끔 곱게 화장을 하고 친구들과 하하 호호 하며 즐겁게 거리를 활보하는 노인들을 볼 때면 나이가 들어서도 찡그리지 않고 밝은 모습으로 사시는 모습이 보는 사람으로 하여금 잔잔한 미소를 짓게 만든다. 누구 말대로 있다고 더 오래 살고 없다고 더 짧게 사는 인생이 아닌데, 너무 아등바등하지 말고 사는 동안 주위 사람들과 서로 사랑하며 웃으며 사는 삶이 보기도 좋을 것이다.

외로움은 수명도 단축시킨다고 한다. 나이 들수록 더욱 감싸 안고 이해하고 베풀면서 살면 주위에 사람이 많이 모이지만, 연장자라는 이유로 대접받기만을 바라고 명령하는 독선적인 모습으로 상대의 말에 귀를 기울이지 않으면 가까운 가족과 곁에 있던 친구마저도 떠나게 된다. 나이 들수록 허황된 짐을 내려놓고 욕심으로 가득 찬 마음을 비우고 좀 더 베풀면서 겸손한 삶을 산다면, 당신의 주위엔 많은 친구들이 모여들어 결코 외롭지 않은 삶을 살게 될 것이다.

다가올 노년까지 아니 이 生을 다할 때까지 곁에서 당신을 지켜줄 친구라는 축복의 선물을 원한다면, 지금부터라도 친구 보험에 가입하는 것이 현명하다. 우리가 살아가면서 정말 좋은 사람 셋만 만나면 성공한 삶이라고 하는데 성공한 삶을 위해서라도 지금 당장 친구 보험에 가입하는 것이 어떨지….

아플 것을 대비해 건강보험에 가입해 있으면 든든한 것처럼 친구 보험이 있다면 혼자가 되어도 결코 두렵지 않고 외롭지 않을 것이다. 황량한 삶의 벌판에서 결국 우리는 좋은 사람을 몇 명 더 만나기 위해 헤매는 것일지도 모른다. 혼자 가면 빨리 갈 수 있지만 함께 가면 멀리 갈 수 있다고 한다. 더불어 함께 사는 세상이 더욱 아름답게 느껴지는 이유이다.

예전에 어느 책에서 읽은 '친구를 사귀는 것은 힘든 기술'이라는 글귀가 귓가를 맴도는 요즘이다.

선물 같은 친구

비가 오면 마주 앉아 따뜻한 차 한 잔을 마시며 덕담을 나눌 수 있는 친구, 하얀 눈이 내리면 흩날리는 눈을 바라보며 허심탄회하게 추억의 첫사랑을 얘기할 수 있는 친구, 우리가 어려움에 처해 있을 때 진심으로 위로하며 아픔을 보듬어 줄 수 있는 친구, 우리가 소위 잘나가고 있을 때 시기와 질투의 눈이 아닌 진심이 담긴 축복의 눈으로 바라볼 수 있는 친구, 당신은 어떤 경우에도 당신을 믿고 이해하며 진심으로 당신을 감싸줄 수 있는 친구를 가지고 계신가요? 글쎄요, 그런 진실한 친구가 주위에 없다고 쓸쓸한 표정으로 얘기하는 사람도 있을 것 같습니다.

'친구는 동정이나 동경이 아닌 동행의 대상'이라고 하는데 친구관계를 잘 유지하기 위해서는 항상 따뜻한 관심과 관리가 중요합니다. 겨울을 겪어봐야 봄이 귀한 것을 알듯이, 곁에 친구의 부재로 느끼는 외로움을 느낀 者는 친구의 소중함을 누구보다 잘 알고 있을 것입니다.

때로는 가족이라는 이름이 우리에게 서운한 감정을 주고 외로움을 느끼게도 해주지만, 친구라는 존재는 피가 섞인 가족보다 낫다고 느낄 때도 종종 있을 것입니다. 활력은 희망에 비례하는데 살아가는 데 우정도 때때로 희망의 꽃을 피우는 데 큰 도움이 됩니다. 만약 당신이 우정과 사랑 중에 한 가지를 선택해야 하는 상황이 오면 어떤 것을 선택하시겠습니까?

둘 다 가질 수 없다면 그래도 변색하지 않을 우정을 선택하고 싶은 사람이 많을 것입니다. '슬픔으로 가득 찬 감옥'이라는 이 세상을 살아가기 위해서도 친구의 역할은 그 어느 것보다 소중하다고 생각됩니다. 평범한 일상의 순간들이 인생의 가장 귀한 보물이듯, 우리 곁을 가만히 조용히 안쓰럽게 지켜봐 주는 친구가 있다면 그 사람은 정녕 행복한 사람이라고 할 수 있겠습니다.

오래된 된장이 구수하듯, 오래된 옛 친구는 자주 보지 않아도 바로 어제 만난 듯 반갑고 마음속 깊은 곳까지 내보여 줄 수 있지만, 이해관계가 얽힌 사회생활을 통해 만난 친구는 지금 이 순간은 한없이 가까워 보여도 정작 시련에 봉착하면 등을 보이기가 일쑤입니다. 물론 모두가 그렇다는 얘기는 아닙니다. 그만큼 신뢰와 켜켜이 쌓여지는 시간의 두께가 옛 친구보다는 가늘기 때문으로 생각됩니다. 곰삭은 젓갈 같은 친구가 매우 그립습니다.

"산다는 것은 각자에게 주어진 1인용 식탁에 밥상을 차리는 일"이라고 합니다. 그렇게 차린 소박한 밥상을 기꺼이 내주고 싶은 친구가 옆에 있다면 당신은 결코 외롭지 않을 것입니다. 우리가 살아야 하는 이유는 우리를 필요로 하는 사람들이 아직 이 세상에 존재하기 때문입니다. 초봄의 아침햇살 같은 따사로움을 주는 친구라는 이름이 지금 이 순간 차가운 우리네 가슴을 따뜻하게 해주는 것 같습니다. 오늘도 우리는 선물을 기다립니다. 예기치 않은 기쁨을 선사해 주는 선물, 힘들고 괴로운 순간에 살아가는 이유와 용기를 주는 그 이름은 친구입니다.

우리 모두 누군가가 간절히 필요로 하고 기다리는 선물이 되어 봅시다. 우리를 사랑하는 이들을 위해 불어오는 비바람을 막아주는 울타리 같은 친구가 되도록 노력해 봄은 어떨까요?

된장찌개 같은 친구

가족의 또 다른 이름 친구!

우리가 살아가는 데 필요한 양념 같은 존재. 우리에게 힘이 되는 친구가 곁에 있다면 지금 이 순간 녹록한 삶이 그다지 지루하게 느껴지지는 않을 것이다. 나에게는 오래된 절친인 고등학교 동창이 있다. 그녀를 떠올리면 오래 먹어도 질리지 않고 정이 가는 구수한 된장찌개가 생각난다.

항상 푸근하고 언제라도 따뜻이 감싸줄 것 같은 고향 같은 존재랄까? 학교 다닐 때는 서로의 분위기가 많이 달라서 선생님께서 "너희는 겉모습은 잘 어울리지 않는 것 같은데 내면적으로 잘 통하는가 보구나"라고 말씀하실 정도였다. 그러나 우리는 서로 많은 말을 하는 편은 아니었지만 눈빛만으로 그날의 컨디션을 알 정도로 내면적인 공감도가 꽤 높았던 사이였다. 서로 자주 만나지는 못하지만 대학을 가고 서로 다른 지역에서 직장생활을 하고, 결혼하고 그 후 오랜 시간이 지나서도 꾸준히 연락을 하는 친구이다. 매일 만나는 가족이나 이웃보다 자주 보지는 못하지만 가끔 연락을 하면서도 서로에게 위로와 힘이 되는 사이, 오래된 우정의 끈으로 서로의 존재를 확인하는 관계이다.

어느 날 작은 선물과 함께 내 글이 실린 책을 보냈더니, 맛있는 익산 증편을 보내 주었다. 부모님도 드리라고 넉넉히…. 부모님도 친구의 정성을 느끼며 맛있게 드시면서 흐뭇해하셨다. 항상 언니 같은 존재로 내 곁에 다가와 있는 친구야! 네 남편 승진 소식도 듣고, 아들도 원하는 대로 자기의 길을 가고 있고 해서 무척 행복해하는 너의 목소리에 내 기분도 좋아졌단다!

행복이 담긴 꽃다발을 전해 주는 친구에게 지금 이 순간 진심으로 축복을 보낸다. 나이가 들면서 우정의 힘이 살아가는 데 얼마나 중요한지 절감하는 요즘이다. 언제 어디서나 항상 내 편이 되어주는 친구가 있어 팍팍한 삶이 외롭지 않은 것 같다. 지금 이 순간 '참 좋았던 시절의 나'로 돌아가 보게 만드는 옛 친구가 있어 정말 행복하다.

살면서 정말로 진실한 친구 한 명만 곁에 있어도 그 친구가 몇억의 재산 가치와 맞먹는다고 한다. 몇억 대의 소중한 재산 가치를 지닌 우정을 지키기 위해 오늘도 우리 모두 우정의 화분에 물을 정성스레 뿌려 보자. 힘들고 괴로운 순간에 살아갈 수 있는 이유와 용기를 주는 풍성한 열매를 수확할지도 모르는 일이다. 살면서 작은 돌부리에 걸려 넘어지는 순간, 손을 내밀어 주는 친구가 있다면 진정 우리는 행복한 사람이다.

국화꽃 당신

결혼 이후 남편과 유학을 갔다 온 후 귀국해서 계속 한 아파트에서 15년 정도를 살았다. 자주 이사를 다니는 성향이 아니라서 계속 한 아파트에 오래 살면서 이웃집 언니와 정이 들었다. 그 언니를 생각하면 기분이 좋아지면서 마음이 따뜻해지는 것을 느끼게 된다. 항상 밝은 웃음을 지으며 "안녕하세요, 오늘도 멋지세요"라며 상대방을 칭찬하는 데 전혀 인색하지 않은 그 언니는 바로 재일 교포이다. 언니는 한참 동생인 나에게 항상 존댓말을 사용한다. 살면서 힘든 일, 어려운 일에 부딪히면 어둔 표정 일그러진 모습을 보여주기에 거침없는 우리와 달리 언니는 항상 밝은 모습이어서 "저 언니는 항상 즐거운 일만 있나?"라며 의구심이 생길 때도 있었다.

그러다가 다른 아파트로 나는 이사를 오게 되어서 언니와 잠시 연락이 끊겼다. 그런데 작년 연말에 언니가 환갑인 것이 불현듯 생각나 조그만 마음의 선물을 하게 되었다. 그랬더니 언니는 선물을 받은 뒤 바로 얼마 지나지 않아 다가온 크리스마스 때 아주 맛있는 초코 케익을 선물해 주었다. 日本에 가족을 두고 한국에 와서 생활하려니 외로움도 느꼈을 것이고, 왠지 모를 서글픔도 느꼈을 텐데 주민들과 잘 조화를 이루는 친화력이 부러웠던 언니의 마음 씀씀이는 나에게 단비 같은 감동을 선사해 주었다. 때로는 선물을 받고 고맙다는 인사도 하지 않는 사람들도 있는데….

요즘은 같은 아파트에 살면서도 앞집에 누가 사는지조차 모르는 사람도 있다고 하는데, 마음의 빗장을 굳게 걸어 잠그고 이웃과의 소통을 거부한 채 살아가는 우리네에게 그 언니는 기쁨과 위로를 주는 존재로 다가온다. 내 옆자리에 남이 설 자리도 좀 내주고 넘어진 사람을 함께 손잡아 일으켜 세울 수 있는 여유와 배려가 필요한 요즘, 정이 담긴 마음의 선물에 감동하여 그 이상의 표현을 하고자 하는 마음 씀씀이는 항상 받기만을 원하고 무언가를 받아도 표현을 안 하는 인색한 吾에게 가슴을 울리는 무언가를 느끼게 해 주는 것 같다.

사람이란 누구나 자기가 베푸는 선한 행위를 다른 사람이 인정해 주고 칭찬해 주기를 바란다. "우리가 누군가에게 무언가를 베풀 때 대가를 바라지 않았을 때 대가가 오면 기쁜 것이고, 대가를 바랐는데 오지 않을 때는 실망과 원망의 씨앗이 남는다"는 법륜 스님의 말씀에 지금 이 순간 신한 공감을 느끼게 된다. 우리가 상대에게 무언가를 줄 때 주는 것 자체로 행복감을 느끼면 되지 반드시 대가를 바랄 필요는 없을 것이다. 그래야 주는 사람도 받는 사람도 자유로워질 것이니까…. 사실 누군가로부터 선물을 받을 때보다는 줄 때의 마음이 더 편안하고 자유로운 것은 사실이다. 그러나 대가를 전혀 바라지 않는 무한한 베풂은 평범한 우리들에게는 실로 행하기 어려운 숙제일 것이다.

서로의 정이 일방통행이 아닌 쌍방으로 적당히 오가는 것이 당연히 바람직한 현상으로 생각된다. 이웃집 언니의 예절감으로 정성껏 포장된 배려를 통해 흐뭇함과 함께 밀려드는 조그만 행복을 느끼게 되었다. 사람을 감동시키는 것은 결코 큰 것도 아니고 어려운 일도 아님을 확인하게 된 순간이었다. 그것은 바로 따뜻한 人情이었던 것이다.

인간 비타민

그녀를 보면 항상 흥이 나고 기분이 좋아진다. 비타민 음료수를 마신 듯 시원하고 가슴이 뻥 뚫린 듯 통쾌함이 느껴진다. 밝은 미소, 하이 톤의 힘찬 목소리, 긍정적인 사고의 소유자인 그녀는 주위 사람들로 하여금 오늘을 사는 이유를 느끼게 해주는 존재이다. 주위 분위기를 up시켜 주는 그녀에게 단연 인간 비타민이라는 왕관을 부여해도 과하지 않은 것 같다. 그녀의 힘찬 목소리는 아픈 곳마저 치유해 주는 특효약이다. 정녕 그녀는 사는 게 즐겁기만 해서 우리에게 활짝 핀 노란 개나리 모습을 보이는 것일까?

밝은 모습 뒤에 가려진 가면과 그늘의 모습은 없는 것일까! 어느 순간 그녀에 대한 궁금증이 생겼다. 무언가에 대한 갈증과 목마름이 전혀 없는 것일까? 아니 어쩌면 그런 모습이 없어서가 아니라 그런 삶의 경지를 초월해서 남에게 의도적으로 좋지 않은 모습을 보이지 않는 것인지도 모른다. 살면서 여러 시행착오를 겪은 후 오랜 시간이 흘러서야 우리도 웃을 일이 있어서 웃는 게 아니라 웃다 보면 웃을 일이 생긴다는 사실과 즐거움은 멀리 있는 게 아니라 항상 여기에 있다는 지혜를 알게 되지 않았는가!

어차피 인생은 고난의 연속이요 풀리지 않는 수수께끼의 연속인 것을…. 이별의 아픔 속에 사랑의 깊이를 알게 되듯 비가 온 후에 땅이 굳고, 슬픔을 건너온 후 더 단단해지며, 고난을 겪은 자만이 진정한 삶의 행복을 느낄 수 있는 것이다. 인간 비타민인 그녀도 바로 이런 시련의 단계를 거쳐 진정한 밝은 웃음의 소유자가 되었을지도 모른다는 생각을 하니 마음 한구석에 짠한 마음이 밀려왔다.

"멀리 가려 하지 말고 주변을 보라. 좋은 것은 가까이 있다"라는 괴테의 말이 오늘을 사는 우리에게 던지는 교훈으로 깊이 와 닿는 순간이다. 우리도 지금 이 순간 비타민이 필요한 누군가의 인간 비타민이 되어봄은 어떨까? 누군가가 삶의 활력소를 찾을 수 있도록 소중한 비타민 역할을 할 수 있다면 그것은 세상 어느 것보다 무척 가치 있는 보배로 다가올 것임을 감히 확신한다.

우리가 조금 덜 원하고 자족하면
우리 모두는 부자입니다.

모네, 《 아르장퇴유 옛 마을의 도로 》

3
부모와 자식의 장

부모 자격증

우리가 갖추고 있어야 할 수많은 자격증 중에 어쩌면 가장 중요한 자격증일지도 모르는 부모 자격증! 어떤 자격증은 자격증을 따기 위해 열심히 강의를 듣고 실습하는 과정을 거쳐 시험을 통과해야만 하는 것도 있고, 몇 번의 연습만을 통해 비교적 쉽게 따는 자격증도 있다. 그런데 종종 우리는 부모가 되기 위한 자격증과 필요한 것들은 전혀 준비하지 않은 채 자식을 낳고, 감정 닿는 대로 자식을 함부로 키우기도 한다.

예전처럼 무조건적인 부모의 헌신이나 사랑보다 이기심이 작용한 자식 훈육은 때때로 자식을 불행으로 내몰기도 한다. 그래서 요즘은 자식을 짐으로 생각하여 자식폭력을 일삼기도 하고 내다 버리기도 하는 비 인륜적인 상황이 펼쳐지기도 한다. 어쩌면 점점 경제적으로 사회적으로 살기가 어려워지기 때문에 인간성이 상실되고 인륜이 무너지는 것일지도 모른다.

부모가 온 힘을 다해 헌신적으로 자식을 뒷바라지해도 무슨 일이 안 풀릴 때 부모를 원망하는 자식이 있는가 하면, 경제적 정신적으로 방임 상태로 교육을 시켜도 부모를 최고로 존경하며 받드는 효심 있는 자식도 있다. 나름대로 부모 자격증을 소지하고 있다고 자식교육에 자신 있게 생각하는 사람도 자식을 이론적으로만 키워 자식을 실패로 내몰 수도 있다.

그렇다면 어떻게 하면 부모의 역할에 자식은 만족할 수 있을까? 그것은 부모가 자식 위에 군림하려 들지 말고 부모와 동등한 인격체로 자식의 눈

높이에서 항상 생각해 보라는 것이다. 최종적인 선택은 자식이 하도록 도와주되, 과정상 여러 가지 경험을 할 수 있도록 도와주고 격려해주는 작업은 부모가 할 일이다. 최선을 다했다면 어떤 결과에도 힘껏 칭찬해주고, 자신감을 잃지 않도록 해주는 것이 중요하다.

운이 나빠서 재수가 없어서 등등의 표현으로 자식을 무기력하게 만들고 실패를 자식 무능의 원인으로 돌려서는 절대로 안 될 것이다. 부모는 자식을 부모의 기획상품으로 생각하지 말고, 자녀의 생긴 그대로를 인정하도록 해야 한다.

실패라는 소나기를 맞아도 당황하지 말고 침착하게 우산을 펼치고 비를 피할 수 있도록 여유와 넉넉함을 가르친다. "성공하든 실패하든 도전은 값진 열매를 맺는다"는 것을 몸소 체험할 수 있도록 교육시키는 부모라면, 그 부모는 부모 자격증 점수가 A+라고 할 수 있겠다. "실패를 하면서도 계속 시도하고 경험하면서 터득하게 되는 것이 人生"인 것을 가르쳐주는 부모야말로 진정으로 부모 자격증이 있는 者일 것이다.

추억의 옥수수

한여름 맛나게 먹는 옥수수를 보면 친정어머니가 생각난다. 아직은 생존해 곁에 계시기에 항상 다행스럽게 생각하면서 살고 있다. 나는 시골에서 생활해 본 경험이 없이 출생과 성장기를 계속 도시에서 살아왔는데, 어렸을 때 주말이면 어머니는 옥수수를 한 솥 쪄서 가족끼리 오순도순 대화를 하며 하모니카를 불게 했다. 어찌나 세게 불었던지 커다란 한 솥의 옥수수는 마파람에 게 눈 감추듯 금방 자취를 감추었다. 나 또한 어느 간식보다 옥수수를 좋아해서 한자리에서 5개 이상을 뚝딱 먹어 치웠던 기억이 새록새록 난다. 친정어머니가 옥수수를 좋아하시니 네 딸 또한 어머니의 식성을 닮았는지 중년이 된 지금도 옥수수는 즐겨 먹는 기호식품 중 하나이다.

할머니 대를 이어 손녀인 내 딸까지도 나의 식성을 닮았는지 옥수수를 무척 즐겨 먹는다. 이토록 우리가 즐겨 먹었던 음식들은 과거의 시간과 함께 즐거웠던 많은 추억을 낳는다. 음식과 함께 만들어진 과거의 추억은 오롯이 뇌리에 남아 오늘의 우리를 미소 짓게 만들고 때로는 팍팍한 일상에서 촉촉한 행복감에 젖게도 만든다.

훗날 어떤 음식이 내 자식에게 엄마와 가졌던 아름다운 추억으로 남을지 잠시 생각에 잠겨보면서 지금 이 순간도 옥수수를 입에 물고 힘차게 하모니카 소리를 내고 있다. 추억 속의 어린 나는 시간이 흘러 어느덧 중년이 되어 인생의 외로움을 논할 수 있는 여유로운 모습으로 변모해 있다. 추억

속의 옥수수는 변함없이 현재에도 내 곁에서 또 다른 얘깃거리를 잉태하고 있구나!

"기억은 아물지 않고 남으며, 과거가 과거로 끝나지 않고 현재이자 미래를 지배한다"고 어느 작가가 말했다. 추억은 지나간 시간의 한 단면이 아니라, 오늘과 내일을 엮어주는 필름의 연장선으로 잊지 못할 새로운 스토리텔링을 창조하고 있는 듯하다. 현재인 지금 이 순간도 내일이 되면 또다시 과거의 장으로 넘겨지니, 현재를 예쁜 추억으로 남기기 위한 오늘의 작업은 계속 진행 중이다.

다슬기에 담긴 어머니의 사랑

1남 4녀 중 막내로 태어난 나는 부모님의 사랑을 많이 받고 자란 것은 사실이지만 건강 순위는 형제 중 맨 끝으로 언니들에 비해 아픈 곳이 많았다. 나이차가 많이 나는 언니들이 신체 중 건강한 부위도 나는 고장이 자주 나 병원 방문을 많이 했다.

임신과 출산도 언니들은 쉽게 치렀지만, 나는 어렵게 임신하고 출산하는 힘든 과정을 거쳤다. 어떤 날은 어머니에게 어머니가 노산으로 나를 낳아 주셔서 몸이 언니들에 비해 부실한 것 아니냐며 투정 아닌 투정을 하기도 했다. 글쎄 그 원인도 여러 원인 중 하나일지도 모른다. 산모가 나이가 들수록 태어난 아기가 여러 가지로 부실한 곳이 많다고 하니 산모의 건강이 아기의 건강과 연결고리로 연결되어 있음을 확실히 증명해주는 것 같다.

이곳저곳 병원 신세를 지다가 어느 날 내 몸의 컨디션이 안 좋은 것을 아신 어머니가 다슬기를 사서 속을 다 꺼내어 씻어서 찌개를 해 보내주셨다. 다슬기를 보는 순간 눈물이 핑 돌았다. 다슬기 속을 빼어내는 작업이 무척 지루하고 힘든 것을 아는 나는 어머니의 사랑에 진한 미안함이 엄습해 왔다. 연로하셔 어머니 몸도 안 좋으신데 나이 든 자식 건강까지 신경 쓰시게 한 것 같아 죄송한 마음이 폭포처럼 밀려들었다. "건강은 타고 난다"는 말도 있지만 후천적으로 관리하는 것도 또한 중요하다는 것을 우리는 몸소 알고 있다.

몸에 좋은 음식, 적당한 운동, 스트레스 덜 받기 등 건강을 위해 노력해야 할 것들을 분명히 알고는 있지만 실천이 어려운 것을 어찌할까! 이 세상을 떠나는 순서는 태어난 순서가 아니라는데 좀 더 자신의 건강을 위해 신경을 써야겠다는 생각을 했다. 다슬기를 통해 건강의 의미를 되새겼고, 나아가 좋은 죽음이 무엇일까까지 생각하는 계기가 됐다. 좋은 삶의 연장선이 좋은 죽음이겠지…. "결혼은 선택 과목이지만 죽음은 필수 과목"이라는 누군가의 말이 귓전을 맴돌고 있었다.

건강 적신호를 통해 긴 호흡을 하고 잠시 여유를 찾아봄이 필요한 시기임을 알게 됐다. 한평생을 살아가는 속도는 각자 다른데, 때로는 적당한 속도 조절이 필요하다는 것을 절감하는 요즘이다. 너무 빠른 템포 속에 진행되는 오늘의 삶이 건강을 해치고 있지는 않은지, 아울러 나이가 들어도 내 건강을 항상 걱정해주시는 어머니가 옆에 계심에 감사하다는 생각을 하게 됐다. 다슬기를 먹으면서…. "모든 것은 다 때가 있다"는 철학자 니체의 말이 가슴 한복판에 깊이 각인되어지는 하루이다.

부모님의 결혼기념일

꽃을 무척 좋아하시는 어머니는 개나리, 진달래, 목련 등 봄꽃의 아름다움이 화염을 토하는 60여 년 전 4월 어느 날 아버지와 백년해로를 약속하며 결혼식을 올렸다. 봄 향기가 매력 발산에 절정을 이루는 아름다운 계절에 결혼식을 올리신 어머니 말씀에 따르면, 양가 부모님께서 사전에 사돈 맺을 약속을 하셔서 아버지 얼굴도 보지 못한 채 결혼식을 올렸다고 한다. 결혼 당일 처음으로 아버지의 얼굴을 대면하고 안도의 숨을 내쉬었다고 하니 요즘과 너무나 다른 결혼식의 그림이 선명하게 눈앞에 그려지는 것 같다. 그 이후 부모님은 1남 4녀를 낳고 다복한 가정을 꾸리시면서 건강하게 잘 사신 결과, 지금까지 60여 년 이상을 해로하셨다.

그런데 이번 부모 결혼기념일을 자식 그 누구도 기억하지 못해 부모님 둘이서 외롭게 하루를 보내는 예상치 못한 상황이 발생했다. 자식 모두가 각자의 생활에 바쁘다 보니 부모의 결혼기념일을 미처 챙겨드리지 못한 것이다. 나름대로 각자의 이유가 있겠지만 부모의 입장에서는 무척 서운하셨으리라는 생각이 든다. 젊은 우리는 결혼기념일을 별 의미 없이 보내기도 하는데 어머니는 결혼기념일에 꽃이나 화분을 꼭 사신다. 어머니의 그 모습은 화분의 나무가 자라는 모습과 활짝 핀 꽃을 보면서 나름대로 중요한 그 날을 기념하려는 행사로 그 진심이 자식들에게 와 닿았다.

어쩌면 절대자가 정해준 운명적인 인연을 만나 결혼을 하고 한 배우자와 백년해로를 한다는 것은 무척이나 어려운 일이고, 한편으로 축복받은 일이라고 할 수 있다. 가끔은 티격태격 하시면서도 잠시 상대가 보이지 않으면 불안한 모습으로 급히 상대를 찾는 두 분은 서로에게 너무나 소중하고 중요한 존재임을 우리에게 보여준다. 두 손을 꼭 잡고 걷는 부모님의 모습은 서로에게 절실하게 삶의 이유로 다가옴을 자식들에게 느끼게 해 주는 것 같다. '가족은 첫사랑이자 마지막 사랑'이라는데 부모님의 지금 마음이 그럴 것이다.

"부모님! 건강한 모습으로 부디 백년해로하셔서 가시는 그날까지 건강하시고 행복하시길 진심으로 바랍니다" 부모님의 결혼기념일을 통해 기념일을 챙겨드리지 못한 죄송한 마음과 함께 지금의 상대를 선택하여 결혼하게 된 날인 결혼기념일이 우리에게는 과연 함박꽃 만발한 행복한 날인지 생각해 보게 되었다.

누군가는 지금의 배우자를 만난 것이 운명이요, 탁월한 선택이라고 강조하던데 우리에게는 과연 어떤 색깔의 의미로 다가오는 것일까? "어떤 상황에서도 희망과 용기를 잃지 않고 서로 사랑하면 그때가 봄"이라는 이해인 수녀님의 말씀처럼 연로하신 분이나 젊은이 우리 모두 항상 서로 사랑하는 봄이 되길 노력해 보자.

흙수저 금수저

요즘 젊은이들 사이에서 부모의 스펙이 화려하고 환경이 좋아서 자식들 취업에 도움이 되면 금수저를 물고 태어났다는 우스운 말이 돌고 있다. 반면에 환경이 열악하고 부모의 스펙이 화려하지 못해 자식들 취업에 전혀 도움을 주지 못하는 경우는 흙수저를 물고 태어났다고 한다.

부모세대에게는 웃지 못할 얘기로 허탈감마저 밀려들게 한다. 그만큼 젊은이들의 취업이 점점 더 어려워지고 본인의 실력보다는 부모의 힘으로 취업을 하게 되는 현실에 자조감 섞인 얘기이지만 실력만을 쌓기 위해 성실히 노력하는 젊은이에게는 억울하기도 하고 이런 세상이 원망스럽기도 할 것이다.

주위에서 스펙과 학벌이 좋은 학생은 오히려 불합격하고 스펙과 학벌이 부족한 학생이 아버지의 능력으로 공공기관에 합격했다는 소식을 접하기도 했다. 젊은이들은 이런 소식에 왜 세상은 이리 불공정하고 불합리할까 개탄을 금치 못할 것이다. 예전처럼 "개천에서 용 났다"는 경우는 이제는 발생할 수 없다고 한다.

어려운 환경에서 성공하는 경우는 낙타가 바늘구멍에 들어가듯 어려운 세상이고, 태어날 때부터 유복한 환경에 좋은 교육환경 속에서 자란 젊은이는 그만큼 레벨 높은 직장을 구하기가 확률상 높다는 것이다. "부모가 반 운명이다"라는 말은 우리 모두가 너무 우리의 노력을 다해 보지 않고 태생부터 운명을 결정한다는 나약함에서 비롯된 것은 아닐까 하는 생각을 해 본다.

물론 마라톤 인생에서 다른 사람보다 앞선 출발선에서 출발하면 종착지에 빨리 도착할 확률이 높겠지만, 꼭 그렇지만은 않을 수도 있다는 것을 우리는 알고 있다. 꾸준히 달리는 과정에서 생각지 않은 돌출변수 발생으로 비를 맞을 수도 있고, 넘어질 수도 있고, 심한 부상을 입을 수도 있다. 모든 상황을 운명적으로 또는 선천적으로 받아들인다면 우리의 노력도 교육적 효과도 간과하게 되는 우를 범하게 된다.

금수저가 있다면 누군들 금수저를 물고 태어나고 싶지 않겠는가? 그러나 금수저든 흙수저든 우리가 태어난 태생을 원망하기보다 주어진 현실을 받아들이고 그저 열심히 씨를 뿌리는 작업을 하는 것이 人生이라는 것을 우리는 알고 있다.

누군가에게 기대지 않고 스스로 힘을 기른 사람만이 인생을 반전시킬 수 있고, 누구나 자기 본연의 자리가 있는 법이다. "우리가 조금 덜 원하고 자족하면 우리 모두는 부자"라는 부처님 말씀이 가슴에 와 닿는 순간이다.

행복은 연습하는 만큼

행복해질 수 있습니다.

모네, 《 햇빛 속의 포플러 》

4

행복의 장

행복 거식증

거식증이라 함은 비만에 대한 두려움 등으로 인해 먹는 것을 거부하는 증상을 말한다. 다른 말로 신경성 식욕부진증이라고도 하는데 심리적으로 불안과 애정결핍 등 요인이 다양하다고 한다. 자신의 체중을 부정하거나 체형에 대해 왜곡 현상을 보이며, 음식과 체중과 연관된 부적절한 집착을 보여 나아가 대인관계 장애와 우울증을 겪기도 한다. 요즘 젊은이들이 지나친 다이어트로 인해 생기는 거식증은 익히 우리가 많이 알고 있는 단어이다.

그런데 행복 거식증이란 단어는 들어 보았는가? 아직은 생소한 단어일지도 모르겠다. 행복을 거부한다는 뜻으로, 자신은 어떤 경우에도 행복하지 않고 큰 행복이 찾아와도 그게 행복인 줄 모르고 불쾌하게 받아들이며 환상 속의 행복을 위해 긴장과 불안감으로 들어가게 되는 현상이 생긴다. 불안과 긴장을 습관화하여 결국은 행복까지 피하게 되는 증상을 의미한다.

미래의 행복만을 생각하며 현재 자신의 안락함과 편안함을 불쾌하게 받아들이는 특징이 있는데 자신이 설정해 놓은 높은 기준으로 인해 스스로 만족 못 하고 불안해한다는 것이다.

행복 거식증을 예방하기 위해서는 자신이 좋아하는 일이나 취미에 시간을 투자하고 자신에게 칭찬하고 격려하는 작은 보상을 주는 것이 필요하다고 '행복 거식증'이라는 용어를 책에 소개한 박용철 작가는 얘기한다.

지나친 경쟁이 치열한 요즘 소소한 일에 행복해하며 감사할 줄 아는 마음이 어느 때보다 필요한 시점인 것 같다. 자신은 항상 불행한 것 같고 행복해서는 안 될 것으로 자신을 몰아붙이는 사람들…. 지나친 욕심과 목표가 지금의 자신을 행복 거식증으로 만들고 있는지도 모른다.

작은 행복을 느끼고 감사하며 살고자 한다면 얼마든지 우리는 지금 행복하다. 삶은 바로 지금 이 순간이고 "진정한 행복은 이다음에 이루어야 할 목표가 아니라 지금 당장 이 순간에 존재하는 것"이란다.

가장 행복한 순간

우리가 살아오는 동안 지난 시간을 돌이켜 볼 때 가장 행복했던 순간은 언제일까? 각자의 행복에 대한 관점이 다르기 때문에 행복했던 순간도 다양한 스펙트럼을 보일 것이다. 어떤 사람에게는 전혀 행복하지 않은 순간이 다른 사람에게는 행복했던 순간으로 추억 속에 각인되어 있을 수도 있고, 또 어떤 사람에게는 무척 행복했던 순간이 상대방에게는 별로 즐겁지 않은 기억으로 남아 있을 수도 있다.

사랑하는 대상을 만나 사랑을 느끼는 순간이 누구에게는 가장 행복한 시간일 수도 있고, 좋아하는 친구와 소통하며 깔깔 웃는 그 순간이 행복의 정점이라고 말하는 사람도 있을 것이다. 또 어떤 사람은 종교에 심취해 눈에 보이지 않는 절대자와 교감하는 그 순간을 행복이라는 단어로 표현한다. 혹자는 맛있는 음식을 먹을 때가 가장 행복한 순간이라고 말한다. 이렇듯 가장 행복한 순간은 사람마다 감정의 결이 다르다.

문득 "자기 자신이 마음에 들 때가 가장 행복한 순간"이라는 말이 생각난다. 거울을 보면 어느 날은 자신의 모습이 예뻐 보이기도 하지만, 또 어느 날은 무척 초라하고 낯설게 느껴지는 순간도 있다. 이 모든 것이 주어진 자신의 상황에 만족하고 원하는 것이 이루어지는 기쁨을 누릴 때라는 것을 부정할 수 없다면, 결국은 모든 것들이 물 흐르듯 순조롭게 잘 풀릴 때 자기 자신이 마음에 들고 바로 그 순간이 가장 행복한 순간이라는 해석이 나올 수 있다. 결코 행복의 조건이 객관적일 수 없고 각자의 주관적 감정으로 행복을 느끼는 것이라는 것을 익히 알고 있지만 우리는 객관적 수치로 행복을 가늠하는 데 익숙한 것 같다.

아니 어쩌면 타인이 인정해 주는 행복의 조건 속에서만 행복해질 수 있는지도 모른다. 남에게 보여지는 행복을 누리기 위해 우리는 소중하고 소소한 일상의 행복을 하찮게 여기기도 한다. "신나는 것은 순간이다. 행복과 불행은 순간이고 행복할 때는 행복에 매달리지 말고 불행할 때는 불행을 받아들여라"라는 법정스님의 말씀과 "인간의 행복과 불행은 인간의 관념이다. 그것은 어디까지나 내 관념에 존재해 있는 무형의 그 무엇"이라는 부처님 말씀이 생각난다.

'人生은 추억을 쌓아 가는 과정'이라고 누군가 표현했듯 잠깐의 행복, 몇 초의 행복의 순간이 시간이 흘러 예쁜 추억의 사진으로 남아 있다면 곧 그것이 살면서 가장 행복했던 순간일 것이다.

행복은 우리가 잡을 수 없는 신기루가 아니라 건강한 몸으로 상쾌한 공기를 마실 수 있고, 좋아하는 사람과 맛있는 음식을 함께 먹을 수 있으며, 좋아하는 일을 지금 이 순간 할 수 있다면 바로 그 사람은 행복한 것이다. "행복은 조건이 아닌 기술과 노력이고 인간과 사물에 대한 우호적인 관심이 근본적인 행복"이라는 「알베르 카뮈」의 말이 깊이 와 닿는 요즘이다. 행복은 연습하는 만큼 행복해질 수 있다는데 오늘도 행복의 완성을 위해 연습하는 작업을 열심히 해봄은 어떨까?

행복한 사람

　겨울의 상징인 함박눈이 아닌 비가 부슬부슬 내리고 있는 겨울 어느 날 아침, 라디오에서 흘러나오는 이문세의 '나는 행복한 사람'이라는 노래가 감미로운 선율로 우리네 가슴을 파고든다. 그 곡에 잠시 취해 흥얼흥얼 따라 부르다가 문득 지금 "나는 행복한가"라는 자문을 해 보게 되었다. 또한 어떤 사람이 행복한 사람일까? 하는 의문도 생겼다. 과연 자신이 행복한 사람이라고 단언할 수 있는 者가 몇 명이나 될까? 노래가사에는 그 누구를 떠올리면 자신은 행복한 사람이라고 부르짖고 있었는데….

　우리도 누군가를 떠올리면 잔잔한 행복감이 밀려드는 추억의 그 사람이 존재한다면 과연 행복하다고 할 수 있을까? 오늘을 살아가는 힘이 있어야 우리는 살아갈 수 있는 것인데, 그 힘은 희망이라는 친구일 수도 있고 사랑이라는 친구일 수도 있을 것이다. 어제보다는 오늘이, 오늘보다는 내일이 더 많이 행복할 거라는 희망!

　동전의 양면처럼 희망과 행복은 공존하고 있는지도 모른다. 희망이 있어야 행복하고, 행복하려면 희망이 있어야 하고…. "행복을 생각하는 순간 인간은 불행해진다"는 「존 스튜어트 밀」의 말처럼 줄곧 행복을 그리고 기다려온 사람이 그렇지 않은 사람보다 불행할 수도 있는 것 같다. 행복을 찾고 기다리기보다는 그저 행복이 찾아왔을 때 기꺼이 품어 안을 수 있는 여유와 넉넉함을 준비해 두는 것은 어떨까!

인간이 가장 행복하다고 느끼는 순간은 '사랑하는 사람과 밥을 먹을 때'라는 어느 작가의 표현처럼 행복은 인생의 목적이 아니라 그저 그 순간 생존하는 데 필요한 도구인지도 모른다. 보물찾기처럼 찾으려 한다고 반드시 찾아지지 않는 것, 기다린다고 반드시 오지 않는 것이 행복이라는 손님인 것이다.

우리 모두는 불행하기보다는 당연히 행복해지기를 원한다. 또한 우리는 누구나 자기 몫의 그늘 즉 그림자를 가지고 있다. 연습하는 만큼 행복해질 수 있다는데 그냥 열심히 살다 보면 어느 날 행복이라는 친구가 옆에 와서 미소 짓는 날이 반드시 올 것이라고 믿는다. 그렇게 되는 날 우리는 어느덧 행복의 기술을 터득한 행복의 기술자가 되어 있을 것이다.

복잡한 수식 필요 없이 '그대 사랑하는 난 행복한 사람' 노래가사처럼 지금 이 순간 누군가를 진심으로 사랑하고 있다면 그 사람은 바로 행복한 사람일 것이다.

행복배달 집배원

"행복을 배달해 드립니다"

행복을 간절히 기다리는 사람들에게 행복 한 다발을 안겨 주시는 집배원이 어디 계신가요? 빨간 자전거를 타고 강원도 영월 등 인구밀도가 낮고 고령층 비중이 높은 농촌지방을 방문하면서 그 지역에 계신 소외층과 노인들의 안전과 건강을 점검해 주시는 집배원들을 행복배달 집배원이라고 부른다. 독거노인, 병약자, 소외계층이 무관심으로 때로는 주위 어느 누구도 모른 채 혼자 죽어 가는 경우도 있기에 가끔 집배원이 방문해서 그들과 진솔한 대화를 나누면서 여러 가지 불편사항을 점검하는 제도이다.

안전행정부와 우체국이 협심해서 탄생한 이 행복배달 집배원은 어쩌면 우리 모두가 이웃의 소외된 계층에 이런 역할을 해 주었으면 하고 바라는 의미에서 시작됐는지도 모르겠다. 홀로 사는 사람들에게 따뜻한 위로의 말 한마디만 건네도 그들은 외로움에서 벗어나 살아갈 힘을 얻게 된다.

우리 모두가 추구하는 행복은 연습하는 만큼 행복해질 수 있고, 인간에 대한 우호적인 관심 자체가 행복으로 이어질 수 있다. "인간은 서로의 불행을 털어놓으며 정을 쌓아 가는 동물"이라고 한다. 우리는 항상 즐겁기만 할 수도 없고 항상 행복감만을 느낄 수도 없다. 어쩌면 지금 이 순간의 편안함 자체가 행복인 것을 모른 채 우리는 잡을 수 없는 신기루인 행복을 좇아가다가 일생을 마치게 될지도 모른다. 사람은 아파 봐야 건강의 중요성을 알고, 허우적거려 봐야 인생에서 진정한 행복이 무엇인지를 인지하게 된다. 지금 이 순간 사랑하는 사람을 바라볼 수 있고, 이 경이롭고 신비로운 자연을 감상할 수 있으며, 맑은 공기를 마시며 푸른 하늘을 바라볼 수 있다면 우리는 더할 나위 없이 행복할 수 있지 않은가?

인생은 좋은 일과 나쁜 일, 기쁨과 슬픔, 행복과 불행이라는 실에 의해 짜이는 한 조각 옷감에 불과하다고 한다. 또한 '고통은 행복의 스승'이란다. 어쩌면 우리는 행복해지기 위해서 고통의 강을 건너야만 할지도 모른다. 내 자신이 행복해야 누군가에게 진정한 행복을 배달할 수 있으리라! 허망한 신기루를 좇는 데 소중한 시간을 낭비하지 말고, 주위 소중한 사람들에게 사랑과 행복을 전달해 주는 에너지를 쏟아 아파하는 이웃의 누군가에게 항상 친구로 곁에 남을 수 있는 우리가 되어 보자.

삶의 무게에 힘들어하는 친구, 연인, 형제, 부모 등에게 우리 모두 진정한 행복을 배달하는 행복배달 집배원이 되어 봄은 어떨까? 그러면 삶은 어쩌면 우리가 생각하는 것보다 더욱 아름다운 한 폭의 풍경화로 완성될지도 모르겠다.

행복 바이러스

우리가 몸이 아플 때 병원에 가서 주사를 맞듯 살면서 힘들거나 지칠 때 희망과 용기를 주면서 행복감을 느끼게 해주는 영양제 주사가 있다면 얼마나 좋을까?

'일상의 피곤함과 스트레스로부터 잠시 벗어나 손을 놓고 싶을 때, 또는 삶의 무게가 너무 무겁게 느껴져 의욕이 잠시 사라질 때, 행복 주사를 맞아서 삶의 활력소가 생겨 일의 효율성을 더 높일 수 있다면…' 하는 엉뚱한 생각을 잠시 해본다.

바이러스는 전염력이 강해 이웃에게 매우 빠른 속도로 전파해주는 효력이 있다. 그 누구는 바라보기만 해도 즐겁고 행복교향곡이 울려 퍼지는 듯한 사람이 있고, 그 누구는 찌푸린 인상 너머로 "나는 불행하니까 건드리지 마라"라는 부정적인 메시지를 얼굴에 붙이고 다니는 사람이 있다. 그런 사람 곁으로는 절대로 사람이 모이지 않고 어쩌다 만나기라도 하면 피하려고만 한다.

"기쁨을 나누면 두 배로 되고, 슬픔은 나누면 반으로 줄어든다"라는 흔한 진리를 우리네는 잘 알고 있건만 진심으로 우리의 행복을 기뻐해 주고 우리네 슬픔을 나눌 수 있는 사람이 주위에 과연 몇이나 될까 하는 생각을 하면 가슴이 먹먹해진다. 피를 나눈 가족조차도 때로는 진심으로 그러지 못하는 것이 현실임을 직시할 때 씁쓸한 그림자가 우리를 뒤덮는다. "지금

보고 듣고 느끼는 일상의 가치를 깨닫는 것이 찬란한 기적"이라는 피천득 시인의 시 구절처럼 행복은 저 멀리 있지 않고 우리네 일상 가까이 존재한다. 사소한 일에도 같이 웃어줄 수 있는 사람이 곁에 있다면 우리는 행복감을 느낄 수밖에 없을 것이다.

우리가 만들어 논 스스로의 굴레에서 벗어나 세상을 바로 보고 삶의 보람과 기쁨을 맛볼 수 있도록 하려면 특별할 것 없는 일상에 소소한 행복이 숨어 있음을 알아채야 한다. 행복해지기는 간단하다고 한다. 다만 간단해지기가 어려울 뿐….

우리네가 人生이라는 힘든 여정에도 노란 미소를 잃지 않고 열심히 살 때, 행복이란 손님은 커다란 선물 보따리를 들고 어느새 우리 옆으로 다가와 있을 것이다. 소리 없이 조용히 우리도 모르는 사이에….

행복한 삶의 비결은 좋아하는 일을 하는 것이 아니라 지금 하는 일을 좋아하는 것이라고 한다. 어쩌면 행복은 어디에선가 찾아오는 것이 아니라 우리 마음속에서 창조하는 것인지도 모른다.

만 원의 행복

　저 멀리서 환희와 행복의 교향곡이 울려 퍼지기라도 하듯 화원 입구에 들어선 나는 마음 깊은 곳에서 샘솟아 오르는 기쁨과 희망을 느꼈다. 밝고 경쾌한 꽃 잔치가 열리고 있는 화원을 방문했을 때 어린아이 같은 천진함과 함박꽃 같은 미소로 손님을 맞이해 주는 노란 국화에 나는 매료되었고, 우아한 여인네의 자태를 지닌 국화 특유의 그윽함으로 호소하는 매력적인 퍼플 국화에 감탄을 금치 못했다. 화려한 듯 보이지만 결코 화려하지 않은 절제된 세련됨으로 품위를 지키고 있는 와인 빛 국화 등 제각각의 개성과 특유한 향기로 손님들의 선택을 받기 위한(美人 선발대회 미녀가 선택받기 위해 최고의 아름다움을 뽐내는 데 노력하는 듯…) 국화들의 가을 향연은 화원을 찾은 손님들에게 충만한 행복과 희망의 선물을 해주기에 부족함이 없었다.

　눈이 부시도록 아름다운 꽃들 중에서 나는 병아리의 미소를 닮은 노란 국화를 만 원에 간택했고 그 여인네를 집으로 곱게 모셔다 놓았다. 베란다에 배치하니 온 집안이 생기와 화사함이 감돌면서 백만 원짜리 고가의 인테리어보다 가슴을 울리는 감동이 크게 밀려듦을 느꼈다. 하루하루 피곤함에 짓눌려 몸이 흐느적거리고 밸런스가 깨져 제자리를 못 찾고 있었는데, 노란 국화의 내 집 방문은 "행복이 별게 아니라 바로 이런 것이야"라는 작은 탄성을 지르게 만들었다.

꽃을 통해 오해보다는 이해의 현미경으로 타인을 들여다보고 싶고, 관용보다 사랑을 베풀고 싶은 너그러움이 샘솟는 것을 느꼈다. 그것은 바로 꽃이 인간에게 주는 커다란 위력이었다. "프로가 아마추어와 다른 점은 프로는 불안과 걱정을 유익하게 바라보고 스트레스를 받지만, 위협을 느끼지는 않는다"는 말이 마음 깊숙이 와 닿는 순간이었다. 아직도 너무나 서툰 아마추어 人生을 좀 더 프로답게 살고자 하는 다짐이 아름다운 가을꽃을 통해서 용솟음치는 것을 보니 평범한 우리네를 감동시키고 지켜주는 것은 꼭 커다랗고 값비싼 것만이 아닐 수도 있다는 생각이 연기처럼 뭉게뭉게 피어 올랐다.

지금도 내 옆에서 아무 조건 없이 밝고 해맑게 웃어 주고 있는 노란 국화! 돈도 명예도 권력도 아닌 조건 없는 믿음이 사람을 일으키는 것이듯, 조그만 꽃의 생명체가 허약한 나를 믿음으로 일으켜 세우고 있었다. "용기를 갖고 힘차게 운명을 껴안아 보라"며….

오늘만큼은 누군가에게 부채의식도 가질 필요 없고, 모든 고통을 짊어진 듯한 가을의 쓸쓸함에서 그저 자유로운 영혼의 소유자이고 싶다. 만 원으로 어찌 이렇게 큰 행복을 느낄 수 있을까? 평범한 일상이 가장 아름답고 소중한 것이며, 행복해서 웃는 게 아니라 웃다 보면 행복해진다고 했다. 커피 한 잔 값으로 텅 비어있는 나의 생각의 잔을 채워 주고, 人情을 향한 갈증을 촉촉이 적셔 주는 국화의 사소한 구원이 나에게 행복의 잔 근육을 키워 주는 듯하다.

'신뢰의 삶이 희망의 씨앗'이라는 플래카드를 싣고 고속으로 달려오는 가을 열차에 잠시 지친 몸을 쉬어 가라며 높고 푸른 하늘이 나지막이 속삭이고 있었다.

사랑의 최고 표현은
시간을 내어주는 것입니다.

모네, 《 아르장퇴유의 눈 》

5
이별의 장

추억의 세레나데

옛 연인에 대해 우연히 소식을 접하게 되었을 때 그대의 마음은 어떠신가요? 누구 말대로 "옛사랑이 너무 행복하면 배가 아프고, 옛사랑이 불행하면 마음 아프고, 옛사랑이 찾아와 같이 살자고 하면 골치가 아프다"네요. 허탈한 웃음이 나오는 구절이죠.

과연 우리는 과거의 흔적이 오늘의 내 모습에 어떤 영향을 끼친다고 생각하며 살고 있을까요? 기억의 창고에서 완전히 추억이 소멸되어 지금의 모습과 예측할 수 없는 내일의 삶만을 생각하며 광속으로 살고 있을까요? 아니면 너무 조심스러워 추억을 들추려 하지는 않지만 그 추억이 오늘과 내일 삶에 지대한 영향을 끼치고 있는 과거의 범주 속에서 오늘을 살고 있을까요?

여러분은 어떤 삶을 살고 있으며, 어떤 삶이 바람직하다고 생각하시나요? 아름다운 추억의 소유자라면 추억은 활력소와 오늘의 자양분이 되는 긍정적 효과를 얻을 것이요, 기억하고 싶지 않은 상처뿐인 과거의 추억이라면 사화산이 되어 전혀 폭발력이 없는 그저 무감각한 한 페이지로 폐허가 된 의미 없는 어제로 남긴 채 오늘을 살고 있겠죠.

내 삶의 콘텐츠를 들여다보고 채우려고 노력하는 삶이기보다 타인의 삶에 대해 비판하고 부정적인 뒷담화를 일삼는 건조한 우리네 일상에서 벗어나기 위해 추억을 활용해 보는 것은 어떨까요? 삶을 아름답게 사는 방법은 사랑하는 것이고, 사랑의 최고 표현은 시간을 내어주는 것이라 합니다. 어차피 오늘 삶 속으로 재현할 수 없는 추억이라면 추억의 달콤한 향을 그대로 간직한 채 처절하고 힘든 오늘을 살아가는 원동력으로 만드는 것입니다.

어쨌든 내가 누군가 한 사람의 가슴앓이를 멈추게 하고, 아픔을 쓰다듬어 줄 수 있다면 헛되이 사는 것은 아니라는 「에밀리 디킨슨」의 시 구절처럼 오늘 지금 이 순간 쓸쓸함 속에 자신의 숨은 상처를 누군가 어루만져 주기를 기다리는 者에게 촉촉한 추억의 감미로움은 구원자 역할을 성실히 하고 있는지도 모른다는 생각이 듭니다. 과거에 대한 부채의식도 오늘 내가 행복하다면 가벼워질 텐데…. 누군가에게 상처를 주고 오늘 당신은 행복하신가요?

분명히 지난날의 우리는 가슴 촉촉한 감성이 있었고 상대를 있는 그대로 믿어주는 순수함이 있었고, 상처를 두려워해서 다가오는 사랑을 피하는 비굴함은 없었는데, 지금의 우리는 상처 입기를 두려워해 감정에 솔직하지 않은 채 위선과 비굴함으로 완전무장하고 체념과 포기 속에 살아가고 있지는 않은지요?

슬픔도 가끔 희망이 된다는데 과연 슬픔 뒤에 무지개가 뜨는 것을 보았는지요? 추억의 그림자는 오늘을 비추고 오늘의 그림자는 내일을 비추겠죠. 지난날이 시간의 힘을 빌지 않은 아름다운 추억으로 남아 있다면 추억을 오늘의 나를 존재하게 한 긍정의 아이콘으로 행복의 활화산으로 승화시켜 보면 어떨까요?

이별할 때도 매너가 필요하다

이 세상에 과연 아름다운 이별이 존재할까?

이별 자체가 주는 아쉬움과 슬픔이 분명히 존재할진대 그 헤어짐이 어떤 종류의 이별이든 아름다울 수는 없을 것 같다. 이별이라는 단어에 함축되어 있는 슬픔의 극대화, 아쉬움의 극치를 표현하는 소위 언어의 역설, 언어의 유희가 아닐까 싶다.

바다가 보이는 큰 창이 있는 찻집에 앉아 따뜻한 차 한 잔을 마시며 이별의 추억을 떠올릴 때, 그래도 뭉게뭉게 피어오르는 그리움과 함께 애틋한 마음이 싹틀 정도는 되어야 인생을 의미 없이 헛되게 살지는 않았구나 하는 생각이 들 것 같다. 인생의 여정에서 만남의 순간도 매우 중요하지만 이별할 때의 뒷모습이 오랫동안 기억의 저장고에 저장되어 있고, 그 울림의 반향이 클 수도 있기에 우리 모두에게 이별의 정중한 매너는 만남 때보다 더욱 필요하다는 생각이 든다.

요즘 뉴스에 등장하는 유명인들이 이별의 혹독한 신고식을 치르는 듯 헤어질 때 보여서는 안 될 밑바닥까지 보이고, 서로의 인권을 유린하는 진흙탕 싸움으로까지 번지고 있다. 서로의 잘잘못을 가리는 진실 공방이 벌어지는 일련의 소식들은 평범한 우리들에게 씁쓸함과 함께 진한 아쉬움을 안겨주고 있다. 과거의 마음을 잡는 것을 집착이라고 하는데 날개를 가진 천사가 악마로 변한 것이 아닌 이상 받아들여야 할 이별이라면 이별의 순간을 서로에게 미움만을 남긴 공멸의 순간으로 만드는 어리석음을 범하지는 않았으면 한다.

이별의 순간을 첫 만남의 환상과 설렘으로 맞이할 수는 없겠지만, 인생이 성숙해지는 한 단계 도약으로 받아들이려는 자세를 보이는 것은 과연 어려운 일일까? 만남의 연장선으로 이별을 생각한다면 이별을 좀 더 조심스레 정성스럽게 맞이해야 할 것이다.

만남이 피할 수 없는 소나기 같은 운명이라면, 이별은 우리의 자발적 의지로 선택한 피할 수 있는 소나기 같은 것인지도 모른다. (물론 병들거나, 나이가 들어서 이 세상과 하직해야만 하는 생물학적인 원인으로 인한 이별을 제외하고) 사람은 일생에 잊을 수 없는 몇 번의 만남을 가진다고 하는데 그 만남이 인생을 바꾸고, 사람을 변화시키기도 한다. 어쩌면 우리는 인간과 자연 모두와 하루하루 헤어지는 연습, 떠나는 연습을 하며 살고 있는지도 모른다.

"상처 때문에 흘리는 눈물이 새살이 돋는 치료약이 된다"라는 어느 작가의 말처럼 우리는 상처가 아물기도 전에 상처 위에 또 다른 희망을 덧씌운 채 살아가고 있다. (상처는 언제 터질지 모르는 휴화산이 된 채로…) 화사하고 선명한 색을 띤 아름다운 수채화로 시작한 만남이 어둡고 칙칙한 회색빛의 유화로 끝나는 이별로 마무리하지 말고, 끝까지 봄꽃의 싱그러움과 예쁨이 가득한 수채화로 그림을 완성시킬 수 있는 현명함과 삶의 지혜를 터득해 보도록 하자.

지금 만나고 있는 사람의 소중함을 모른 채 항상 새로운 신기루 같은 만남을 꿈꾸고 있는 젊은이들이 많아지고 있는 요즈음 사랑의 감정이 싹트는 것도 진실이요, 그 감정이 조금씩 식어가고 있는 것도 또한 진실일 수 있지만 주어진 만남에 정성을 들여 물을 주고 혼신의 힘을 다해 아름다운 만남을 유지하려 노력한다면 피할 수 없는 이별의 종착역이 가까워진다고 해도 그 후회와 아쉬움은 적을 것이다. 오늘날 디지털 시대의 빠른 속도에 아날로그식 사랑을 꿈꾸는 것은 시대에 역행하는 것이겠지만 예나 지금이나 그래도 변할 수 없는 것은 인간의 진심이다. 진심을 다해 만남을 이끈 것처럼 헤어질 때도 정중하게 격식을 차려봄은 어떨지….

"누군가를 얼마나 사랑하는지 가늠해 볼 수 있는 유일한 방법은 그 사람을 잃어보는 것"이라고 어느 프랑스 작가가 말한 것처럼 이별 뒤에 그 사람의 소중함을 절실히 깨닫고 어리석은 후회를 하기 전에 더 많은 시간과 공을 들여 고귀하고 빛나는 보석 같은 만남이 되도록 노력해 보자. 우리가 꿈꾸는 이별 없는 영원한 만남을 위해서라도….

누군가를 생각하면 가슴이 따뜻해지면서 입가에 작은 미소가 번지고 그리움이 뭉게뭉게 피어오르는가 하면, 생각만 해도 가슴이 차가워지고 체증이 생기면서 우연히 만날까봐 불편하고 두려운 존재로 와 닿는 사람이 있다. 우리는 과연 어떤 색깔의 사람으로 타인의 가슴속에 각인되어 있는지….

누군가의 가슴속에 그립고 소중한 존재로 사진 찍혀 있다는 것은 그래도 우리가 인생을 진실되고 헛되지 않게 살았음을 증명하는 것으로 믿어도 될 것 같다. 지금 이 순간 그윽한 커피 향과 함께 잠시 떠오르는 누군가에게 과연 우리는 잊히지 않는 소중한 추억의 한 사람으로 남아 있을까?

짧은 만남 긴 이별

　사람과 사람이 만나 서로 호감을 느끼는 순간은 단 몇 초에 결정된다고 한다. 문 앞으로 들어서는 순간 상대에 대한 호감도가 결정된다고 하니 너무 빠른 순간에 우리는 상대에 대해 호감인지 비호감인지를 결정하는 것 같다. 마음에 드는 상대를 만나 누군가와 교제를 할 때도 오랜 시간 교제를 했다고 사랑의 강도가 큰 것도 아니고 절실한 것도 아닌 것 같다.

　단 몇 회의 만남으로도 상대에 대한 강인한 인상을 간직한 채 사랑의 감정을 느낄 수도 있으니, 결코 만남의 횟수에 사랑의 정도와 크기가 비례한다고 볼 수는 없을 것이다. 그렇다면 긴 만남 짧은 이별과 짧은 만남 긴 이별 중에 우리는 어떤 만남을 종종 선택하는 것일까?

　긴 만남 짧은 이별은 오랫동안 긴 만남을 지속해오다가 헤어짐을 선택했을 때 그 여운이 길지 않은 만남, 즉 쉽게 잊을 수 있는 경우를 말한다. 이별 후에 서로에게 별로 상처로 남지 않고 아쉬움도 적고 바로 다른 상대로 갈아타기를 해도 무리가 없는 만남을 의미하는 것이다. 비록 만남의 시간이 길어도 별로 마음이 가지 않았던, 사랑이라고 표현할 수 없는 그런 만남을 얘기하는 것이리라! 짧은 만남 긴 이별은 비록 만남의 횟수는 적고 긴 시간이 아닌 만남을 지속했지만, 이별 후 뇌리 속에 영원히 남을 것 같은 강한 사랑을 심어준 만남을 의미한다.

　아픈 기억을 잊어버리는 방법으로 사람들은 신의 선물인 망각을 선택하곤 한다. 그러나 망각이라는 신의 선물도 해결해 주지 못할 정도로 각자의 뇌리 속에 영원히 각인되어 있는 사랑하는 사람과의 추억이 존재할 수도 있으리라! "그 사람이 우리에게 온다는 것은 그의 과거와 현재 그리고 그의 미래가 함께 오는 것이므로 실로 어마어마한 일"이라고 한다. 그런 어마어마한 위대한 일이 바로 사랑을 동반한 만남이다.

단순히 외로워서 때로는 심심해서 人生이 지루해서 찾는 책임감이 수반되지 않은 가벼운 만남을 원하는 이들은 긴 만남 짧은 이별을 원할 것이고, 그래도 人生에서 자신을 변화시킬 수 있는 멋진 사랑을 꿈꾸는 者라면 짧은 만남일지라도 긴 이별을 원할지도 모르겠다.

현대화된 디지털 시대의 사랑에서 사랑이 금세 녹는 각설탕처럼 덧없는 것이라 해서 지금의 젊은이들은 긴 만남 긴 이별보다는 빠른 스피드를 원하는 짧은 만남 짧은 이별을 추구할지도 모르겠다. 그래도 상대에 대한 좋은 감정이 우리를 변화시키고, 문득문득 외로운 삶이지만 살아갈 수 있는 힘을 우리에게 제공해 주는 좋은 추억으로 오랫동안 남을 수 있는 사랑을 우리 모두는 소망한다. 모두가 꿈꾸는 만남 모두가 꿈꾸는 아름다운 이별이 지금 이 순간에도 우리에게 살포시 다가오길 기다리고 있다.

가을 연가

　청명하고 푸른 가을 하늘이 눈이 시리도록 아름답고, 하얀 햇살의 눈부심이 황홀하기까지 한 이 계절! 싱그러운 가을 공기의 충만함으로 가슴이 꽉 채워지는 풍요로운 가을이지만, 마음 한구석으로 밀려오는 밀물 같은 공허함과 외로움에 잠시 몸을 떤다. 누구라도 경험했음 직한 젊은 날에 연인과의 가슴 시리게 아픈 이별보다 그 어떤 이별보다 길고 아프게 느껴지는 유학 간 아들과의 잠시 이별은 만남을 전제로 한 것이기는 하지만, 하루하루가 그리움으로 가득 찬 나날의 연속이다.

　과학자인 아빠 때문에 미국 유학을 하게 된 계기가 되었고, 신중하게 삼고하여 선택한 것이지만, 아들과의 이유 있는 이별은 중년으로 접어든 나에게 많은 생각을 하게 만들고, 삶을 사랑하는 법을 가르쳐 주었다.

　한동안 아들 체취와 흔적을 느끼지 않으려고 아들 방을 꼭 닫아 놓고 의도적으로 노력했던 시간들을 지금 어떤 이유로든 아들과 떨어져 지내야 하는 부모라면 백번 공감할 것으로 생각된다. 지금 이 순간도 눈앞에 아들 모습이 아른거린다. 정든 사람들과의 이별은 헤어지는 슬픔이 어떤 것인지 왜 함께 있어 행복하고, 함께 있을 때 잘해 주어야 하는지를 깨닫게 해준다.

　산고의 고통 속에 세상을 투영할 수 있는 혜안과 설렘의 기쁨을 선사해 주었던 자식과의 필연적인 만남은 잠시…. 진학, 군대, 취직, 결혼 등 자식과 헤어져 살아야 하는 확실한 이유가 존재하고, 헤어짐의 연속이 人生의 과정임에도 불구하고 자식과 영원히 곁에서 같이하고픈 소망이 싹트는 것은 어쩔 수가 없는 것 같다.

어린 시절 부모의 도움을 간절히 필요로 했던 행복과 숨바꼭질했던 그 시간이 지나고 저 멀리서 우리를 향해 헤어짐의 기차가 돌진하고 있음을 직감하는 순간, 우리는 어느새 중년으로 접어들었고 人生의 고독을 두려워하는 시기에 직면했음을 알게 되는 것 같다. 가뜩이나 예전보다 감성의 보자기가 풀어진 듯 감성의 색깔이 짙어지고, 조그만 슬픔에도 이때다 싶어 통곡으로 울부짖고 싶어지는 가을 길목에서 이별은 두려운 그림자로 다가온다.

人生의 긴 여정 속에 우리는 숱한 만남과 이별을 반복하며 살아간다. 그중에는 필연적인 만남과 이별도 있고, 우연한 만남과 이별도 있다. 어떤 종류의 이별이 더 가슴을 후려친다고 비교할 수는 없을 것이다.

혹자는 불행은 행복의 예고편이고, 이별은 만남의 전주곡이라고 한다. 자식이 부모의 보살핌 속에서 성장하여 독립된 인격체로 자리매김하는 것은 부모의 입장에서 당연히 축하해 줄 일이고, 설렘의 행복과 함께 희망의 별이 떠오르는 것일지도 모른다.

그러나 부모의 입장에서 자식과의 이유 있는 이별은 고독의 첫 단추요, 중년이기에 겪어야 하는 혹독한 신고식일지도 모른다. 그리고 그리움의 꽃을 피운다. 헤어짐에 아쉬워하고 쓸쓸해하다가 이별의 상처가 생기고 생채기가 아물어 건강한 딱지로 자리 잡을 때, 이별에 대한 면역력은 우리를

人生에 대한 달인으로 만들며 세상이라는 긴 기차 안에서 우리가 함께 살고 있음에 충분히 행복함을 느끼게 해 줄 것이다.

위로와 치유의 따뜻한 손길이 그립고, 누군가의 이해와 공감을 받고 싶은 간절함이 이 가을에 더욱 절실한 것은 아들이란 '사랑의 거목'이 내 곁에 없기 때문이기도 하지만, 인간의 근원적인 고독이 쉽게 침투하는 가을의 특권 때문인 것 같다. 아들의 부재로 중년의 홍역을 심하게 치르며 애틋한 사랑의 주인공이 됨을 허락한 이 가을도, 지지 않는 그리움과 함께 곧 사라질 것이다. 살아가면서 관혼상제의 모든 과정을 겪어 보아야 어른이 된다고 한다. 아직 어른이 되기까지는 갈 길이 먼 것 같다. "고요한 기쁨이 가을처럼 익어갈 때 내일을 향해서 오늘 씨앗을 뿌리는 것이야말로 진정한 의미에서의 희망"이라고 한다.

수확의 가을을 위해 모두를 주는 가을 햇살처럼 소리 내지 않고 제 몫을 다하는 가을을 닮아 보자. 아들과의 이별로 심하게 앓고 있는 고독의 열병이 가을의 특권이기는 하지만 슬픔의 눈물 없이 누군가를 기억할 수 없는 자에게는 사치스러운 감정으로 어린이의 응석으로 비춰질 수도 있다는 생각에 잠시 부끄러워진다.

우리는 때로 의미 있는 人生이 무엇인지, 어떻게 사는 것이 의미 있는 삶인지 잘 모르는 것 같다. 아니 알기가 쉽지 않은지도 모른다. 삶이 고달플 때 당신을 생각하듯 무엇을 이루고자 하는 목적은 우리에게 꿈과 기대를 품게 할 것이다. 10월, 11월 달력을 모두 떼어내고 12월로 펼쳐 놓은 달력을 보며 남편은 빙그레 웃는다. 겨울이 점점 깊어지고 함박눈 오는 12월이 되면 잠시 귀국할 아들과의 만남을 애틋한 그리움을 안고 설레는 마음으로 기다린다. 아들을 위해 환한 미소와 힘차게 안아줄 건강한 두 팔을 준비하련다.

마음이 정화되는 감동과 함께 진정한 사랑이 무엇인지 진정한 행복이 무엇인지를 알려주고, 삶의 소중함과 시간의 의미를 깨우칠 수 있는 큰 축복을 선사한 이 계절 가을도 이제 떠나려 한다. 이제는 떠나려 하는 가을과의 이별 앞에 행복한 미소로 작별인사를 하고 싶다.

국화 향기 가득한 이 감성적인 계절 가을에 우리네 人生을 반추해 보고, 우리가 앞으로 나아갈 수 있는 원동력이 무엇인지, 다가올 삶을 어떻게 꽃피울지를 경건하게 생각해 보는 시간을 가져 보자. 그리고 우리 人生의 목적지를 향해 뒤돌아보지 말고 앞으로 전진하자.

공항의 이별

다양한 연령층과 세계 각국의 사람들이 수많은 사연을 안고 오가는 공항! 설렘으로 가득한 기쁨의 만남이 있는 장소이기도 하지만, 헤어짐의 아쉬움을 공유해야 하는 아픔의 장소이기도 하다.

우리 人間은 어딘가를 향해 현실의 짐을 훌훌 털어버리고 떠나고 싶은 욕구도 있지만 반면 본래의 터전으로 돌아오고픈 귀소본능도 있다. 버리기 위해 떠나는 것이 여행인데, 여행으로 인한 설렘의 장소이기도 하고 이별로 인한 아쉬움의 장소이기도 한 공항 속에서 바쁘게 오가는 수많은 사람들의 다양한 종류의 만남과 이별을 본다.

다음 만남을 약속하며 떠나는 그들의 눈물 속에서 지금 떠나지 않으면 안 되는 당위성과 왜 자신이 떠나야만 하는지에 대한 의문의 갈등이 점철되어 혼란스러워하는 모습을 본다.

공항은 만남이라는 기쁨을 제공해 주는 장소이기도 하지만 또 다른 출발을 위해서 떠나야 하는 이별의 장소이기도 하다. 물론 만남을 전제로 한 잠시의 이별일지라도 아쉬움의 높이가 최고치인 공항에서 人生의 현주소를 본다.

"길이 끝나는 속에서도 길이 있고, 길이 끝나는 곳에서도 길이 되는 사람이 있다" 우리는 또 다른 길을 찾기 위해 어디론가 떠나고 다시 또 돌아오고 이런 과정을 되풀이한다. 이런 의미로 공항은 단순한 만남과 이별의 장소가 아니라, 새로운 人生의 길을 찾아서 떠나고 길을 찾아 돌아오는 중요한 쉼터이자 터닝 포인트의 장소로 느껴지기도 한다.

길다면 길고 짧다면 짧은 인생의 여정에서 반드시 어디로 가야만 하는 정답은 없는 것이고 혹시 중간에 길을 잃어 막다른 길을 만날지라도 당황하지 말고 정신 줄을 놓지 않고 최선을 다한다면 새로운 길을 열어나갈 수 있을 것이다.

우리의 삶에는 액셀러레이터와 브레이크가 공존한다고 볼 수 있는데…. 삶의 속도를 제어하는 브레이크를 때때로 가동시켜 절제 없는 의욕이 불행을 만드는 일이 없도록 人生의 공항에 잠시 착륙하여 보자. 삶의 축소판인 人生의 공항에서 높이 날기 위해 이륙할 것인지, 잠시 착륙할 것인지 곰곰이 생각해 보고 때로는 불시착을 경험해 보면서 자신의 삶을 재점검해 보는 소중한 시간을 가져 봄은 어떨까?

말은 곧 사람의 향기입니다.
우리는 향기나는 사람을 좋아합니다.

모네, 《 아르장퇴유 부근의 개양귀비꽃 》

6

결혼과 가족의 장

결혼 인턴

요즘 젊은이들 세대에서 정식으로 혼인신고를 하기 전에 일정한 기간을 계약 기간으로 정해 살아보고 결혼을 최종결정하는 것을 결혼 인턴이라 한다. 결혼식을 올리기 때문에 단순 동거의 개념보다는 한 단계 진전된 느낌으로 합리적 제도를 추구하는 젊은이들에게 좋은 호응을 보이고 있는 것 같다.

일반적으로 직장에서 1년여 인턴과정을 거쳐야 정규직원이 되듯 결혼 인턴도 일단 결혼하고 혼인신고는 하지 않고 1년 살아보고 최종 결혼 결정을 하는 방식이다. 1년 동안 인턴 기간을 통해 평가를 받아보고 이 결혼이 서로에게 적합한지 판단 후 결혼 지속 여부를 결정하자는 것이다. 동거와 다른 점은 결혼식을 올리고 혼인신고를 하지 않는 점인데 결혼은 공식화하되 1년간의 인턴 기간을 통해 상대방에 대한 확신이 생긴 후 혼인신고를 한다는 것이다.

그런데 1년 후에 최종 결혼을 결정할 것을 굳이 결혼식은 왜 올릴까 하는 의구심이 들기도 한다. 막연한 혼전 동거보다는 결혼 인턴제가 결혼 입문에 한 단계 더 앞선 것이라고 볼 수 있어서 그런지 젊은 세대에게 작지 않은 공감을 일으키고 있다. 비혼족도 늘고 결혼에 대한 부정적 견해가 점점 팽배해지고 있는 현실에서 그나마 결혼 인턴제는 이혼을 줄이고 현명한 결혼을 하기 위한 대안일지도 모른다. 모 방송국 드라마에서 여 주인공이

"결혼은 번지 점프와 같다"는 결혼 소감을 피력한 것을 보고 일생의 중대사인 결혼에 대하여 정말 우리 모두가 신중해야겠다는 생각을 해본다.

결혼이라는 문화에 대해 다양한 형태와 의견은 있을 수 있고 결혼 인턴제가 이혼율을 줄이기 위한 방편일 수는 있지만, 1년 동안 살아보고 혼인신고를 미룬다는 자체가 과연 상처 없이 동거완료가 될 수 있을지는 의문스럽다. 기성세대들이 볼 때는 결혼 인턴 기간이 끝나고 만약 서로가 부부의 연을 맺지 않고 헤어지게 된다면, 이혼이라는 법적 절차가 없어서 절차상은 간편할 수 있으나 서로 간 깨끗한 이별이 될 수 있을지 우려된다. 마음에 남은 상흔은 오래 가기 때문에 간단하게 생각할 문제는 아닌 것 같다.

서로가 원하는 배우자를 만나 헤어짐 없이 행복하게 백년해로하는 것이 결혼의 목표일 것인데, 혹시 그 과정상에서 서로 맞지 않으면 쉽게 헤어질 수도 있다는 법적 절차적 간편화를 위한 제도가 아닌지 신중할 필요가 있는 것 같다. 우리 모두가 추구하는 행복을 위해 합리적으로 접근하는 모습일 수도 있겠으나 결혼 인턴제는 결혼 당사자 서로의 진솔한 대화와 함께 개인적 문제로만 보지 말고 사회적으로 체계적인 공론화가 필요한 시점인 것 같다.

젊은 세대에게는 결혼과 출산이 단순한 개인적인 문제가 아니라 사회적인 문제로 대두되고 있는 현실이기 때문이다.

우리의 결혼 이야기

겨울과 봄의 건널목에 선 2월 어느 날!
그 당시엔 결혼연령이 늦어진 지금과는 달리 노처녀로 입문할 수 있던 28세 나이에 과학자인 지금의 남편과 소개팅이 이루어졌다. 10년 이상 된 것처럼 보이는 낡은 트렌치코트를 입고 나타난 그는 까만 피부에 외모에 신경을 쓰지 않은 모습으로 기대와 달리 실망스런 만남이었다.

외모, 매너 모두 마음에 들지 않았기에 만나는 동안 내내 나는 그에게 퉁명한 말투로 응수했고, 그의 애프터를 단호하게 거절했다. 그런데 나의 이런 무례한 태도는 남편의 오기 발동을 자극했고 매일매일 전화 공세와 편지, 부모님까지 공략하는 치밀함으로 나에게 큰 고민을 안겨줬다. 그 당시에는 남편의 구혼이 너무 피곤했지만 출근부 도장을 찍듯 계속되는 남편의 전화와 편지는 나의 마음을 움직이기 시작했고, 처음에는 반대했던 부모님의 마음까지 얻는 데 성공했다.

그러나 남편의 감정이 사랑보다는 집착으로 느껴져서 내 마음이 정착하기까지 꽤 오랜 시간이 걸렸고, 결혼 결정을 하고도 번복과 번복으로 남편을 혼란스럽게 했다. 그러나 사람의 인연은 정말로 하늘이 정해주는 것인가 보다! 결혼 번복이 계속되어도 남편은 3년이라는 긴 시간을 기다렸고, 자신이 살아오면서 가장 힘든 시기라고 회고할 정도의 지루한 시간이었지만 잘 견뎌 줘서 우리는 하늘이 무척 청명한 아름다운 가을에 결혼식을 올렸다. 앞에서 돌이 날아오면 운명이고, 뒤에서 돌이 날아오면 숙명이라고 하는데 남편과의 만남은 과연 무엇일까 가끔 생각해 보곤 한다.

우리의 의지와는 상관없이 어쩌면 주어진 각본대로 움직여지는 人生도 있는 것이구나 라고 느끼는 것이 바로 결혼인 것 같다. 동시에 서로가 호감을 느껴 결혼에 골인하면 가장 바람직스런 것이기는 하겠지만, 이토록 일방적인 노력으로 결혼에 도달할 수도 있는 것을 보면 '결혼은 운명'이라는 말에 공감하고 그 말이 절대적으로 맞는 것 같다. '부부의 연은 하늘이 내려 준 것'이라는 말이 맞다고 생각되는 이유는 서로가 아무리 좋아해도 서로의 인연이 안 닿는 경우를 종종 주위에서 보기 때문이다.

결혼해서 살면서 때로는 부딪침이 발생하기도 했지만, 이 정도면 남편이 변함없는 마음으로 나와 가정을 위해 부단히 노력하는 것으로 긍정적인 결론을 내리곤 한다. 우리의 결혼이야말로 남편에 대한 호감도 제로에서 시작한 만남이었지만, 살면서 미운 정 고운 정을 더해 가면서 호감도 100을 향해 질주한 마라톤 경기로 생각된다. 결혼 후 나는 나름대로 최선을 다했고, 열심히 살았다고 자신 있게 답할 수 있다.

우리 결혼 이야기를 듣던 딸은 "나는 상대방이 나를 아무리 많이 좋아해도 내가 좋아하지 않으면 안 할 거야"라며 확신에 찬 어조로 얘기하지만 어디 인생이 그런가! 때로는 불가항력적인 것들도 존재하는 법. "그래, 너는 상대방뿐만 아니라 너도 많이 좋아하는 사람과 꼭 결혼하렴" 행복해하는 딸의 미래 결혼 모습을 상상해 보며 나는 빙그레 웃어본다.

평소 등산을 좋아하는 남편은 나와의 결혼을 '산 정상에 올라갈 때의 힘든 과정'으로 회고하고 비유하곤 한다. 남편과의 첫 만남을 이야기 소재로 삼아 남편이 언짢아할지는 모르겠지만 사람은 첫인상이 끝까지 가지 않을 수도 있다는 것, 우리의 의지와는 상관없이 움직여지는 보이지 않는 불가항력이 세상에 존재할 수도 있다는, 것을 절감하는 결혼이었다. "출발이야 어쨌든 지금 이 순간 우리가 행복하면 됐지"라며 남편은 너스레를 떤다. 그래, 조금은 실망스러웠던 첫 만남의 주인공이 지금은 결혼 파트너로 내 옆에 든든하게 앉아 있는 것을 보면 이것이 人生의 묘미인가 보다! 지금 이렇게 웃으며 우리의 결혼을 얘기할 수 있는 것처럼 훗날 세월이 흘러서 우리의 결혼이 서로에게 탁월한 선택으로 남기를 기대해 본다.

딸에게 보내는 편지 I

인생을 평균 80세까지 생존할 수 있다고 계산해서 1세부터 80세 사이에 가장 아름다운 나이는 몇 살일까? 女子의 관점에서 보면 아무래도 얼굴의 민낯도 자신 있고, 외모에서도 활짝 핀 꽃봉오리 같은 황홀한 나이 20대가 아닐까 싶다.

그중에서도 대학교 졸업반 정도 되는 24세는 대체적으로 학생과 직장인의 경계가 되는 나이로 젊다는 이유로 여러 가지 특권을 누릴 수 있는 나이인 것 같다. 무얼 해도 예쁘고 건강하게 보이고, 보는 이로 하여금 흐뭇함과 함께 기분 좋은 미소를 만들어 주는 나이! 지금 내 딸의 나이가 바로 꽃다운 나이 24세이다. 20살이 넘은 게 바로 엊그제 같은데 벌써 24세라며 세월의 속도에 놀라움을 금치 못한 채 엄살을 떠는 딸의 모습에 "이제 너도 세월의 빠른 가속도가 의식이 되는 나이구나. 그러나 아직 너무나도 많은 가능성과 꿈을 펼쳐볼 수 있는 좋은 나이란다"라며 희망의 말을 건네본다.

딸아, 나는 네 나이에 삶의 곳곳에 이렇게 힘든 것들이 산재해 있으리라는 상상을 못 했고, 人生이라는 바다의 돛단배에 폭풍이 세차게 휘몰아치리라는 예측도 못 했단다. 온통 희망과 꿈의 꽃동산인 줄 알았지. 탄탄대로 행복 그 자체가 내 것이 될 줄 알았고, 내가 마음먹은 대로 얼마든지 人生을 조종할 수 있을 거라 생각했단다. 젊음의 오만과 얄팍한 자신감이었지!

사랑하는 딸아!

인생이 늘 따뜻하지만은 않고, 때로는 혹독한 추위의 겨울이 다가오더라도 꿋꿋하게 잘 견디렴. 그것은 곧 너를 단단하게 만들기 위한 초석이 될 것으로 믿는다. "삶의 고통과 시련으로 육체와 영혼이 비명을 지를 때면 비로소 나는 인간이 되는 것이다"라며 스스로를 다독이라는 누군가의 말처럼 완전한 인간이 되기 위한 여정으로 생각하렴. 지금의 네 모습은 활짝 핀 장미꽃처럼 너무나도 매혹적이고 예쁘단다.

그러나 그 황홀한 장미도 활짝 만개한 후에 반드시 시들어 꽃잎이 떨어지는 시간이 오는 것처럼 우리 人生도 무한한 가능성과 꿈의 무지개가 피어오르던 20대가 지나면, 조금은 삶의 무게가 버거워지는 30대가 오기 마련이지! 유수같이 흐르는 빠른 세월을 아쉬워하지 말고 지금 이 순간 누군가를 마음껏 사랑하고, 자연의 아름다움을 마음껏 느끼며 너의 꿈을 마음껏 펼쳐보렴.

"말한 대로 이루어진다"는 주문을 외우며 너의 목표를 향해 화살을 쏘면 반드시 꿈의 과녁을 맞힐 수 있으리라 믿는다. "나이가 벼슬이다"라는 속담처럼 지금의 젊은 네 나이는 바로 황금기로 그 자체만으로 큰 힘을 가지고 있는 시기이니, 꿈의 씨앗을 잘 뿌려 적당한 사랑과 양분으로 풍년의 수확을 할 수 있기를 바란다.

누군가 주는 행복이 아닌 스스로 찾는 행복의 주인이 될 그날, 행복의 깃발은 너를 향해 힘차게 흔들어 줄 것으로 엄마는 확신한다.

딸에게 보내는 편지 II

화사한 핑크빛 장미를 연상시키는 예쁜 딸아!

어릴 적부터 모든 일을 스스로 알아서 잘 처리해 주고, 부모 걱정 전혀 없이 잘 자라 주어서 정말로 고맙다. 밝고 긍정적 사고의 딸은 항상 주위로부터 칭찬 듣고 사랑받는 존재였지!

딸이 어느덧 대학을 졸업하고 사회인으로 발을 내디딘 지도 2년 반 정도 되어가는구나. 객지 생활하는 딸을 잘 뒷바라지 못 해 주어 엄마는 무척 미안하고 안타깝단다. 사회생활에 적응을 무척 잘하는 딸이 너무 대견하고 든든하기까지 하다.

인생이 순풍에 돛 단 듯 순조롭지만은 않겠지만, 폭풍이 세차게 몰아치는 어려운 순간이 와도 현명한 딸은 잘 참고 견딜 수 있으리라 믿는다. 무한한 가능성과 무지갯빛 꿈을 간직할 수 있는 20대에 너의 목표를 향해 꿈의 과녁을 향해 화살을 힘차게 당겨 보자.

이 세상 그 어느 것과 비교할 수 없는 소중한 딸아!
앞으로 펼쳐질 길이 향기 나는 꽃길이길 엄마는 간절히 기도하고 또 기도한다. 모쪼록 행운을 빈다.

딸을 그 누구보다 사랑하는 엄마가
2017년 겨울 어느 날

세상에서 가장 특별한 선물

선물(膳物)은 남에게 선사로 주는 물품이라는 뜻으로 누군가에게 사례나 고마움의 뜻으로, 또는 상대의 기념일을 챙겨주는 표현방법으로, 또는 사랑의 감정 전달 수단으로 하게 된다.

살면서 우리가 받은 수많은 선물 중에 어떤 선물이 마음을 울리는 감동이 있고, 기쁨과 환희가 있고, 뇌리와 가슴속에 각인되어 잊혀지지 않고 영원히 남아있게 되는 것일까? 상황에 따라 시기에 따라 주는 사람의 애정도에 따라 모든 선물의 가치가 다를 수도 있겠지만, 누군가 나를 깊이 생각하면서 그 순간에 필요한 선물을 고르고자 하는 정성과 관심이 있었다는 것만으로도 선물을 받을 때 고마움과 기쁨의 크기는 그 어떤 것보다도 큰 것 같다.

나는 개인적으로 예전에 받은 선물 중에 대학교 때 소중한 친구가 선물해주었던 예쁜 가죽지갑과 스카프, 책, 그리고 인형, 부모님이 대학교 입학 때 사주셨던 파란색 원피스, 시계 등이 오랫동안 기억에 남는다. 그런데 오랜 시간이 지나도 기억의 저장고에 오래 남아있는 선물은 역시 그 선물값이 고가여서도 아니고, 주는 사람의 선물에 대해 우리가 느끼는 애정도가 클수록 즉 그 사람에 대한 애정의 크기가 클수록 감동의 크기는 비례하는 것 같다. 내가 아끼고 소중하게 생각하는 사람이 전달해준 선물은 더욱 값지고 이 세상의 무엇과도 바꿀 수 없는 소중한 것이 되고, 그렇지 않은 사람이 챙겨준 것이라면 아무리 귀하고 고가인 선물이라도 하찮게 여겨지게 되는 경우도 있다.

그렇다면 역시 우리에게 특별한 선물은 선물하는 사람의 우리에 대한 애정도가 높고, 우리가 사랑하는 사람이 챙겨준 것이라면 흔하고 평범한 저가의 물건일지라도 큰 의미를 부여하면서 영원히 보관하고 싶은 특별한 선물이 될 것이다.

시간이 흘러 결혼을 하고 두 아이의 엄마가 된 지금 이 세상에서 가장 소중하고 특별한 선물은 역시 바로 아이들인 것 같다. 나로 하여금 세상을 바라보는 눈을 많이 변화시켜준 그 어느 것과도 바꿀 수 없는 고귀하고 빛나는 보석 같은 아이들!

요즘 또 한 번 특별한 선물을 받았다. 대학생 아들이 처음으로 아르바이트를 해서 스스로 벌어온 값진 돈으로 엄마를 위해 내민 용돈! 차마 만지기조차 아까운 너무나 소중한 선물이었다. 이 돈을 벌기 위해 수고했을 시간을 생각하니 감수성이 예민한 나의 눈물샘은 눈물을 두고 그냥 지나치지 않았다. 그 위에 덧붙여진 가슴이 뭉클해지면서 감동을 선사해주는 아들의 말 한마디! "어머니, 이 돈으로 엄마가 평소에 갖고 싶었던 핸드백 사시고 뷔페에 가서 맛있는 것 꼭 드세요. 나중에 어머니께 꼭 효도할게요" 순간 이 세상에서 가장 특별한 선물은 우리가 살아가야 하는 이유를 제공해 주는 가슴을 울리면서 영혼이 담긴 따뜻한 말 한마디일지도 모르겠다는 생각이 들었다.

우리가 선물 받았다고 생각하는 삶도 잘 쓰고 돌려줘야 하는 빌린 물건처럼 영원할 수 없고, 또한 삶의 일부인 사랑도 젊음도 영원할 수 없지만 우리 마음에 각인된 특별한 선물은 오늘을 살아가는 이유이기도 하고, 우리 뇌리에 잊히지 않고 영원할 수도 있을 것이다. 그런 생각을 하고 있자니 닫혀 있던 나의 마음의 문을 무언가가 노크하는 것처럼 느껴졌다. 솜이 불처럼 따뜻하고 평온한 느낌이 나를 감싸 안았다.

남편의 텃밭 가꾸기

과학자인 남편은 젊은 시절 30~40대에는 가족들과 대화할 정신적 여유가 전혀 없을 정도로 매우 바쁘게 지냈다. 매일 연구에 몰두한 나머지 귀가 시간이 12시가 넘지 않을 때가 거의 없을 정도였다. 그러다 보니 어느 날 저녁 일찍 귀가한 남편을 보고 강도가 들어온 줄 착각하여 소리를 지르며 도망친 웃지 못할 해프닝이 발생한 적도 있었다.

그렇게 주위를 돌아볼 시간 없이 바쁘게 지내던 남편이 지금은 연구소 텃밭에서 채소를 가꿔 상추, 가지, 고추 등 한 움큼 수확한 채소를 미소와 함께 가져오는 모습을 보노라면 왠지 내 마음이 짠해지는 것을 느낀다.

연구가 인생의 전부인 양 앞만 보고 달려온 남편이 "나이가 들수록 변치 않고 제자리에 있는 것은 가족뿐인 것 같다"고 말하는 모습에서 알 수 없는 허탈감과 아쉬움이 뭉게뭉게 피어오른다. 자연은 결코 배신하지 않는다. 뿌린 만큼 거둘 수 있으므로….

그러나 인간세계는 어디 그런가! 콩을 심었는데 엉뚱한 팥을 수확할 수도 있고, 전력을 다해 농사를 지었는데 말라 비틀어져 수확할 수 없는 인간관계도 있다. 때로는 상식보다는 비상식이 허용되고, 힘 자체가 도덕이요 상식일 수도 있는 세상이라는 것을 종종 느끼는 요즘이다.

"홀연히 날아와 홀연히 피고 홀연히 떠나간 노란 민들레 그것이 人生"

이라고 했던가! 남편이 연구에 너무 몰두하다 오랜만에 만난 자식을 보고 "너 몇 학년이지? 못 보는 사이 많이 컸네"라고 말하여 충격을 받았다는 어느 과학자 부인이 생각났다. 너무 바빴던 지난 시간과 수확한 채소를 행복한 마음으로 소중하게 안고 들어오는 남편의 현재 모습이 오버랩되어 쓸쓸함이 밀물처럼 밀려왔다.

우리는 살면서 경험하기 전에는 전혀 실감하지 못하는 경우가 있다. 나이가 든다는 것은 점점 외로움의 터널로 진입하는 것인지도 모른다. 외로움을 친구 삼아 살아야 하는…. 남편은 이제야 그것을 알고 있는 듯 보인다.

연구만이 남편이 살아가는 유일한 이유로 비춰져 보는 이로 하여금 안타깝게 느껴졌는데 이제는 실감을 하는가 보다. 나이가 들수록 자신에게 가장 소중한 것이 무엇인지….

전쟁이 끝난 폐허에서 희망을 노래하듯 새로운 꿈을 꾸고 있는 남편의 모습이 예전보다 여유 있고 평화로워 보임은 나만의 착각일까? 타인이 우리에게 준 의미가 아니라, 우리가 만든 의미로 흔적을 남기는 것이 인생이란다.

남편의 하모니카 연주

과학자인 남편의 취미는 등산. 전문가들이 등정하는 에베레스트까지 가려 했던 사람이니 가히 그 산 사랑을 짐작할 수 있다. 결혼 전에는 위험한 등산도 강행하는 의지의 사나이다 보니, 시어머니께서 등산을 애걸복걸 말리기도 했건만 좀처럼 말을 듣지 않아서 걱정이 태산이었다고 한다. 그런데 나를 만난 후 내가 위험한 등산을 금할 것을 요구한 결과, 등산을 안 하고 과격한 운동은 삼가게 되었다. 그러자 시어머니께서는 남편이 나를 만나 변하게 돼서 무척 다행이라고 가끔 말씀하시곤 한다.

활동적이고 운동을 좋아하는 남편이 지금은 가끔 하모니카를 들고 서툴지만 작고 예쁜 소리를 낸다. 큰 움직임을 좋아했던 사람이 작고 앙증맞은 악기를 입에 물고 조심스럽게 소리 내는 모습은 왠지 애잔하게 느껴지기도 한다. 그것도 나이가 들면서 생긴 변모일까? 나이가 들면서 과한 운동은 몸을 상하게 하니 자전거 타기로 몸을 단련하고 나름대로 취미를 가진다고 한 게 정적인 하모니카 연주인가 보다!

세상의 이치가 나이가 들면서 결코 변하지 않는 것은 없다는 것을 보여주는 것 같아 마음 한구석에 안도감과 작은 쓸쓸함이 밀려든다. 절대로 누군가가 변화시키려 해도 변하지 않는 습성들이 나이가 드니 저절로 변해가고, 강요해도 바꾸지 않던 인식들이 시간의 흐름 속에 쌓여진 경험들로 인해 점차적으로 바뀌어져 가고 있다. 나름대로 현명해져 가고 있음을 입증

하고 있는지도 모른다. 사람과의 만남에서 삶의 전환점이 찾아오는데 남편은 나를 만나고 인생관이 많이 변했다고 종종 말을 한다.

그래서 인생은 기다림의 연속이라고 하나 보다! 그렇게 변하길 기대해도 변하지 않던 가치관과 인식들이 세월의 흐름 속에 자연스럽게 변해가고 물어보지 않아도 저절로 세월은 답을 알려주고 있다.

"모든 것은 때가 있다"는 니체의 말처럼 살면서 주위에서 변해 줄 것을 아무리 요구하고 강요해도 사람은 쉽게 변하지 않지만 적당한 때가 오면 본인이 스스로 변하는 것 같다. 보다 합리적이고 살기 편한 쪽으로….

취미로 동적인 운동을 좋아하던 남편이 정적이고 예술 감각을 요구하는 음악과 악기연주로 변하는 모습이 놀라운 요즘이다. 하루하루 하모니카와 친하다 보면 남편의 멋진 연주를 듣게 될 날도 멀지 않을 것 같다. 이래서 세상은 반전의 묘미가 있나 보다!

다가올 인생의 황혼을 거부하거나 부정하지 않고, 남편은 충실하게 살아낼 준비를 미리 하고 있는 듯 보인다. 온몸으로 지는 해의 노을빛을 감싸 안을 준비를….

인생은 속도가 아닌 방향입니다.

모네, 《 해돋이, 인상 》

7

미학의 장

버림의 미학

젊을 때는 집을 예쁘게 꾸미고 싶은 욕심에 가구나 인테리어 소품에 관심이 많이 간다. 비어 있는 공간에 대한 여유로움보다는 채워져 있는 넉넉함을 추구하는 젊은 시절에는 빈 공간을 더 채우고 싶고, 부족한 것을 인정하고 싶지 않은 치기랄까!

하나둘 모으고, 채우고, 많아지는 것을 보면서 마음 한구석이 뭔가로 가득 채워지는 듯한 충만감을 느끼게 된다. 집 안 거실에는 많은 인테리어 소품들로 채우고, 주방에는 실제 사용하는 것보다 더 많은 전시용인 고급 그릇들로 화려하게 장식을 한다. 공간이 비어 있으면 뭔가 부족한 것 같고, 아쉽고 허전한 마음이 들기 때문일까?

그러나 시간이 흘러 나이가 들면서 앞으로 나아가는 시간보다 지난 시간을 추억하는 시간이 예전보다 많아지다 보니, 아름다움에 대한 기준도 채워짐이 아닌 뭔가 비어 있는 곳에서 부족함의 아름다움, 비어짐의 미학을 느끼게 된다. 가진 것을 과감히 버려야 다시 채울 수 있다고 한다. 과거의 혼란한 기억들도 마음속에서 폐기처분해서 버려야 새로운 희망찬 소망들로 채울 수 있다.

버리기 위해 떠나는 여행처럼 때로는 마음속에 쌓여 있는 묵은 감정들을 비우는 작업이 필요한 것 같다. 이제는 거실 인테리어도 가구나 여러 가지 소품들로 가득한 것보다 빈 공간이 많을수록 더 여유가 있고 아름다워 보인다. 나이를 먹고 시간이 흐를수록 더욱 그렇게 될 것 같은 예감이 든다. 쓸데없는 물건들을 많이 버릴수록 개운하고 편안해지는 원리를 우리 마음에도 적용해 마음을 비워 봄은 어떨까? 마음속에 가득 채워져 있는 분노, 상처, 절망의 감정들을···.

주위에 연로하신 분들이 집 안에 가득 쌓여 있는 옷가지나 오래된 물건들을 정리하고 계신 모습을 종종 볼 수 있다. 나이가 들수록 욕심이 많으면 추하게 욕심을 부린다는 뜻으로 노욕이라는 표현을 쓰는데, 욕망을 하나하나 버리면서 잔가지들을 정리해야 아름다운 노년으로 비춰지게 되는 것 같다.

완벽한 사람보다 때로는 1% 부족한 사람이 매력이 있는 것처럼 인간에 대한 지나친 욕망, 물질에 대한 과욕, 지나친 지적 욕구 등 우리 머릿속에 가득 찬 욕망과 번뇌의 쓰레기들을 깨끗이 걷어내면 새로운 마음으로 채우고 정진할 여지가 생기는 법이다. 모든 욕망이 나쁜 것은 아니고 때로는 자신을 발전시키고 더 나은 사람다운 삶으로 살게 하는 원동력이 되기도 한다.

그러나 채우는 아름다움보다 비어 있는 아름다움 버림의 아름다움을 절실히 느끼게 되는 순간, 우리는 보다 성숙한 인격체로 성장한 모습을 보게 될 것이다. 우리 마음의 방에 버리지 못하고 쌓여 있는 묵은 감정이 있다면 대청소하고 과감히 버려보자. 그러다 보면 노란 햇살이 가득히 들어오는 새로운 희망의 건축물이 어느덧 우리 눈앞에 높이 세워져 있을 것이다.

느림의 미학

거북이와 토끼의 경주에서 느린 걸음으로 쉬지 않고 제 몫을 다한 거북이가 꾀 많고 빠른 걸음의 토끼를 예상외로 이겼다는 우화는 비단 어린이를 대상으로 한 이야기로 어린이에게 메시지를 준 것뿐만 아니라, 어른인 우리들에게도 시사하는 바가 무척 크다고 느껴진다.

아가가 첫걸음마를 할 때도 우리는 걸음마가 다른 아이들보다 늦을 경우 불안한 마음에 속을 태우기도 한다. 긴 人生의 마라톤에서 스타트가 조금 늦었다고 조바심을 낼 것도 걸음마를 빨리했다고 우쭐할 이유도 없다. 지금 잘나간다고 반드시 내일 잘나가는 것도 아니고, 지금 행복의 속도가 늦다고 내일도 느릴 것이라는 예측은 때로는 빗나갈 수도 있기 때문이다.

"엎어진 김에 쉬었다 가라"는 말이 있듯 때로는 속도를 줄이고 천천히 지나가는 자연의 아름다움을 느끼며, 관조하며 人生의 속도를 조절할 필요가 있는 것이다. 너무 빨리 과속으로 운전하다 보면 우리가 놓치는 아름다운 것들이 많듯 앞만 보고 달리다 보면 건강, 우정, 사랑 등 살아가는데 무척 소중한 것들을 놓칠 수가 있기 때문이다. 조급함과 욕심을 버리게 되면 여유가 생기고, 일을 그르칠 염려도 적어진다. 소망하는 것을 이루고 싶어 때로는 과속도 해 보고, 범칙운전도 해 보지만 결과는 접촉사고와 사고로 인한 후유증인 것을 시간이 흐르면서 우리는 절실히 알게 된다. 과한 욕심을 부리지 않고 자기를 내려놓은 삶이 되면 비로소 보이게 될 것이다. 진정한 삶의 의미를….

남보다 빨리 출세하고 싶고,
남보다 빨리 돈 많이 벌고 싶고,
남보다 빨리 안정되고 싶은 욕심을 버리고
천천히, 느려도 상관없다는 여유를 갖고 生의 목표를 향해 운전해 보자. 오히려 느린 것이 아름답다는 '느림의 美學'이 사랑도 초스피드 시대인 요즘에 더욱 절실히 그리워지는 이유는 무엇일까?

조급해하지 않고 한 걸음 한 걸음, 한 계단 한 계단 천천히 올라가다 보면 어느새 우리는 여유로운 마음으로 원하는 人生의 목적지에 도달해 있을 것이다. 경쟁자인 다른 사람보다 지금 느린 것 같아도 시간이 지나 되돌아보면 그때 느리게 출발한 것이 人生의 긴 터널로 보면 그다지 늦지 않고 오히려 빨랐던 것임을 알게 될 것이다.

지금 출발이 느리다고 결코 내일 도착이 느리지 않음을 알게 되는 그날! 우리는 그동안 많이 아파보고 허우적거렸음을 그래서 거기서 이제는 벗어났음을 인지하는 순간이 될 것이다. '인생은 속도가 아닌 방향'이라는 것을….

절망 바이러스

우리는 항상 행복하기를 원하고 행복을 갈구하면서도 때로는 슬픔을 즐기는 경우도 있다. 왠지 상대의 우수 어린 모습에 매력을 느끼기도 하고, 저 사람의 우수의 정체는 무엇일까 하는 호기심도 갖게 된다. 너무 밝은 모습으로 항상 웃음을 잃지 않고 명랑한 사람을 보면 "저 사람은 뭐가 그리 즐겁고 행복할까? 어떻게 살면서 어려움과 슬픈 일이 없을 수 있나" 하는 생각에 그들의 모습이 위선적인 태도 같아 거부감이 들기도 하고, 특별한 호기심도 안 생기고 상대에 대한 매력이 반감하는 경우도 있다. 이율배반의 감정일지도 모르지만 우리는 행복하기를 원하면서도 '슬픔의 미학'이라는 표현이 있을 정도로 진정한 아름다움의 극치를 슬픔에서 느끼거나 찾으려는 경우도 있다.

지혜는 연령에 비례하는 것이 아니라 가난이나 슬픔, 위험한 상황에서 어려운 시간을 보낸 사람이 행복한 시간만을 보낸 사람보다 높게 나타난다고 한다. 어떤 면에서 보면 우리가 지금 슬픈 것이 불행한 것이 미래의 우리를 더욱 단단하게 다지는 역할을 할지도 모른다는 생각이 든다. 그런데 행복 바이러스보다 절망 바이러스는 전염력이 더욱 강해 상대가 불행하고 주위 사람들이 헤쳐 나오기 힘든 불행에 빠져 있으면, 우리도 금세 불행의 늪에 슬픔의 늪에 깊이 빠져 있는 느낌이 밀려든다. 행복보다는 슬픔에, 희망보다는 절망에 감정이입이 빨리 되기 때문인 것이다.

"상대방에 대한 성의와 배려라는 백신이 빠진 자리에 절망 바이러스가 번식한다"고 한다. 누군가 절망에 빠져 있을 때 지속적으로 관심을 기울여 주고 분위기를 바꿔주면 극단적인 상황을 피할 수 있는 것처럼 진심이 담긴 따뜻한 격려의 말은 절망의 늪에서 희망의 버스로 갈아탈 수 있는 계기가 된다.

어려울 때 옆에서 지켜봐 준 사람을 우리는 평생 기억의 저장고에 저장하여 잊지 못한다. 우리가 잘나가고 상승 곡선을 그리며 행복할 때보다 어려움에 처해 있을 때 용기와 희망을 주는 희망 메시지를 줄 수 있는 우리 모두가 됐으면 좋겠다. 절망 바이러스보다, 희망의 백신을 줄 수 있는 사회가 된다면 우리가 살고 있는 사회는 더욱 살 만한 가치가 있는 공간이 될 것이다.

빼는 것이 플러스다

어린 시절 초등학교 수학시간에 덧셈과 뺄셈을 배울 때부터 우리는 덧셈을 좋아했다. 뺄셈보다는 덧셈이 쉬운 탓도 있었겠지만, 왠지 더해지는 느낌은 마음을 넉넉하고 풍요롭게 부자로 만들어주는 듯했기 때문인지도 모른다.

뺄셈은 계산 자체가 덧셈보다 어렵기도 했지만, 가지고 있는 것을 꼭 뺏어야 계산이 되는 그 자체가 뭔가를 잃는 것처럼 아쉽고 거부감이 들었는지도 모른다. 이렇듯 우리는 덧셈을 뺄셈보다 좋아했고 쉬워했었던 것만큼은 사실이다.

살면서도 우리는 뭔가 더해지는 느낌, 얻어지는 느낌을 좋아한다. 물건을 살 때도 1 + 1을 좋아하고, 덧붙여 주는 사은품을 좋아한다. 그러나 더해진다는 것은 포기해야 하는 많은 것들을 억지로 끌어안고 있는 것이 아닌지 모르겠다는 생각이 문득 들었다.

없애버려야 하는 것들! 이기심 갈등 반목 원망 미움 등을 가슴에 품고 뭔가 더 채워지기를 바란다는 것은 어불성설이다. 불필요한 물건을 버려야 여백의 미도 있고 뭔가 채울 수 있듯 마음속 불필요한 감정을 깨끗하게 청소하는 작업이 필요하다. 받는 것보다 남에게 무언가를 주고 챙겨주는 것이 우리에게 행복감을 더해주듯, 채워있는 물건에서 뺄 줄 아는 마음 서로 나눌 줄 아는 마음은 우리를 더욱 행복하고 풍요롭게 한다.

꽉 차 있는 박스에는 오래된 물품을 빼내야 새로운 물건 최신의 물품을 채울 수 있듯 복잡하고 잡다한 상념들을 마음속에서 빼어내야 보다 건설적이고 미래지향적인 생각으로 채울 수 있다. 후회와 아쉬운 감정, 억울한 감정, 분노의 감정 등 어제의 가난하고 불안한 마음은 빼어내고 좀 더 너그럽고 풍요로운 부자의 감정들로 채워보자.

지식보다는 지혜로움을 터득할 수 있는 우리가 되기 위해서도, 뭔가를 버린다는 것은 결코 손해를 보는 것이 아니라 또 다른 무엇을 채울 수 있는 충만감을 얻는 것임을 알아야겠다. 빼는 것은 더 채울 수 있음이요 누군가에게 지는 것이 이기는 것이고, 받는 것보다 베푸는 것이 곱절의 기쁨을 얻는 것임을 아는 순간 우리 삶이 좀 더 향기로워질 것이다.

"무소유란 아무것도 갖지 않는다는 뜻이 아니라, 불필요한 것을 갖지 않는다는 뜻"이라는 법정스님의 말씀이 생각난다.

유모차를 끄는 할머니

어김없이 오늘도 유모차를 끌며 할머니는 우리 동네를 지나가신다. 유모차 안에 아기가 있냐구요? 아닙니다. 그 안에는 여기저기서 주워온 폐지와 버려진 각종 생필품들이 있습니다. 각종 고물을 수집해서 그걸 팔아 생활을 유지하나 봅니다. 등이 90도 이상 구부려져 보는 이로 하여금 짠한 마음을 들게 하는 할머니의 존재는 여러 가지 생각들을 샘솟게 합니다.

저 할머니는 도움받을 자식이 없는지, 경제적으로 누군가의 도움을 받을 상황이 되지 않는지 등 여러 가지 궁금함과 함께 안타까운 마음이 진하게 밀려옵니다. 나이가 들면 젊을 때보다 좀 더 편안하고 안락한 시간을 보내야 할 텐데 살기 위한 치열한 몸부림으로 망가져 가는 할머니의 신체를 보니 가슴이 먹먹해지면서 평범한 우리네가 좀 더 따뜻한 손길을 내밀어야 하지 않나 하는 생각을 했습니다.

저렇게 많은 폐지를 모아 팔아 거두는 수입은 하루에 단돈 만 원 정도에 불과하다고 하니, 노인이 고생하는 노동력에 비해 돌아오는 수입은 너무나 적고 미미합니다. 고생하는 노인들도 희망차고 꿈 많던 어린 시절이 있었을 것입니다. 나이 들어 저토록 고생하며 힘들게 살아야 하는 상황을 전혀 예측하지 못했을 것입니다. 부익부 빈익빈이 더욱 심화되는 현실에 힘들게 사시는 저런 분들을 위해 음료수 한 잔, 따뜻한 말 한마디, 진심의 눈빛 한 번 보내는 우리가 되어봄은 어떨까요? 서로 배려하며 나누고 사는 삶의 방식을 터득해서 보다 따뜻한 사회를 만들어 봅시다.

  젊은 세대, 노인 세대 모두 퍽퍽한 고구마를 먹은 듯 가슴이 답답하고 힘든 나날들이라고 소리 없는 아우성을 치고 있는 듯합니다. 치열한 삶 속에서 그래도 우리에겐 사랑이라는 희망의 끈이 있기에 오늘을 열심히 살 수 있는 것 같습니다. 해가 뜨지 않는 날은 결코 없을 것입니다. 오늘과 다른 또 다른 내일이 반드시 환하게 펼쳐지리라는 강한 믿음이 지금 이 순간 힘찬 기지개를 켜게 합니다.

  더불어 함께 행복할 수 있는 사회가 그립습니다.

인간 전자레인지

새로운 것에 대한 도전과 호기심보다는 익숙함을 좋아하는 나에게 항상 단골로 찾는 김밥집이 있다. 작은 홀이지만 아늑하고 따뜻한 분위기를 풍기는 이 김밥집을 찾는 이유는 김밥 맛이 좋기 때문이기도 하지만 더 큰 이유는 김밥을 항상 미소 띤 얼굴로 아기 다루듯 정성스레 싸고 있는 아주머니 때문이다.

아주머니는 항상 곱게 화장한 얼굴과 깨끗한 옷차림으로 입가에는 분꽃 같은 환한 미소를 잃지 않고 손님들을 따뜻하게 맞이하신다. 가격이 몇천 원밖에 되지 않는 김밥을 팔면서도 손님들에게 따뜻한 인사말을 건네며 손님을 정중하게 왕으로 대접해 주신다. '평생 한 가지만 잘해도 보람 있는 인생'이라고 하는데, 남이 보기에 힘들어 보이는 일을 하면서도 얼굴에 행복한 웃음을 지으며 주위 사람에게 행복의 교향곡을 전파해주시는 아주머니! 고향을 찾은 듯 편안함을 느끼게 해 주시는 아주머니는 거대한 권력의 소유자인 그 누구보다도 더 큰 위력을 갖고 계신 듯 보인다.

인간을 따뜻하게 데워주는 '인간 전자레인지'처럼 외로워하는 손님들에게는 따뜻한 인사말로 위로와 격려를, 항상 불만족 속에서 투덜거리며 살아가는 손님들에게는 매사에 감사하며 살라는 감사의 교훈을 주신다. 넘어진 한 사람도 손잡아 이끌 수 있는 여유와 용기를 평범한 김밥집 아주머니는 손님들에게 따뜻한 칭찬 한 마디로 채워주신다.

하루 종일 서 있을라면 피곤함의 그늘이 엄습할 만도 한데, 전혀 불만과 어둔 표정 없이 봄꽃의 전령사인 노란 프리지어 꽃의 미소를 품고 계시는 아주머니! 인간 전자레인지가 그리워지는 요즘 먹먹한 교신 속에 메마른 영혼의 소유자로 소통의 부재 속에 삶이 아닌 생존이라는 이름으로 하루하루 외롭고 힘들게 살아가는 우리네에게 "오늘도 힘내세요"라는 김밥 파는 아주머니의 말 한마디는 상인의 상술에서 나오는 입바른 소리가 아닌 진정으로 우리의 행복을 바라는 엄마의 정과 온기를 느끼게 해준다. 돈이나 일보다 더욱 중요한 행복의 요소는 끈끈한 인간관계에서 오는 행복감인 것을 느끼게 해주시는 아주머니!

"아주머니를 만나게 되어서 정말로 행복했습니다. 아주머니야말로 우리의 메마른 영혼을 따뜻하게 데워주시는 인간 전자레인지"입니다.

혼자 밥 먹는 사람들 (혼밥족)

커피 한 잔의 여유와 함께 신문을 읽어 내려가는 시간이 하루 일과 중 무척 소중하고 충만함이 싹트는 시간이건만 순간 가슴이 철렁하여 먹먹함이 밀물처럼 밀려든 기사가 있었는데, 그 기사는 다름 아닌 혼밥족, 즉 혼자 밥 먹는 사람에 대한 기사였다.

서울 어느 대학생이 혼자 화장실에서 밥 먹는 사진을 올려 논 것이었는데, 그것을 본 독자들의 반응은 한결같이 "내 자식이 이렇다면 얼마나 속상할까?" 탄식하면서 "안쓰럽다. 너무 가슴 아프다" 등이었다. '밥은 만남이며 만남은 나눔'이라는데, 누군가는 왜 이리 인간들과 단절하며 혼자만의 우리에 갇혀 지내야만 하는 것일까? 고립이자 분열의 사진에 순간 가슴의 통증을 느끼면서 이 사진을 올려놓은 학생은 과연 어떤 마음으로 이 장면을 찍은 것일까 하는 궁금증이 생겼다. 혼자 외딴곳 그것도 사람들이 가장 꺼리는 장소에서 밥을 먹어야만 하는 처절하고 외로운 장면을 보여줌으로써 누군가의 소통의 손길을 기다린 것은 아닌지….

우리도 가끔 혼자 밥을 먹을 때가 있다. 혼자 식사를 하는 것이 꼭 외로운 것만은 아닌 것이 상대와 보조를 맞추며 대화를 나누는 것이 때로는 피곤하고 자유롭지 못하게 느껴질 때도 있기 때문이다. 누구를 의식할 필요 없이 자유롭게 혼자만의 식사를 하는 것이 편할 때도 있건만, 이 사진이 인간관계의 부적응에서 친구가 없기 때문에 혼자 있는 것을 택해야만 하는 실제 상황이라면 우리 모두에게 마음의 충격을 준 것은 사실인 것 같다. 불완전한 존재인 인간들 세계에서 누가 누구를 왕따시키고 배제할 수 있을까?

우리 자신도 누군가의 사랑의 대상이자 동시에 미움과 싫어함의 대상일 수도 있다. 이 세상에 완벽한 별의 존재는 없다. 나만이 누구를 왕따시킬 수 있고, 나는 절대로 왕따가 아니며 왕따를 당하는 상대는 반드시 문제가 많기 때문이라고 생각하는 것은 큰 착각이요, 오만이라고 할 수도 있다. 다양한 사람들과 호흡하고 살면서 누군가와 코드가 잘 맞을 수도 있지만, 또한 누군가와는 코드가 전혀 맞지 않을 수도 있기 때문에 이 세상에서 완전한 왕따도 있을 수 없고, 완벽한 공감형 인물도 없을 것이다.

불완전한 인간인 우리가 누구를 고립시키고 배척할 수 있단 말인가! 우리 모두는 때로 누군가의 왕따일 수도 있다는 것을 명심하고 주위 외로움에 지친 사람들에게 연민의 마음을 갖고 따뜻한 눈길, 따뜻한 말 한마디, 따뜻한 손길로 그들에게 희망의 메시지를 전달할 수 있었으면 하는 작은 바람을 가져본다. 무심(無心)과 무관심은 다르다. 우리 모두는 주위의 외로운 사람들에게 너무 무관심한 것은 아닌지 한번 살펴보고, 따뜻한 온기를 그들에게 전달할 수 있는 사회가 되길 간절히 빌어 본다.

군만두가 주는 행복

매주 교회 예배를 마치고 교회 근처에 남편과 함께 들르는 중국 음식점이 있다. 부부가 함께 운영하는 곳으로 피곤한 듯 말수가 적은 아내, 웃는 모습으로 항상 정중히 인사하며 손님을 맞이해 주는 주방장 겸 사장이신 남편. 이곳은 짜장면 맛도 좋기도 하지만 사장님의 손님을 대하는 태도가 무척 진실되어 보여서 기쁜 마음으로 가끔 이곳을 찾는다. 서로 많은 대화를 나눌 시간 없이 바쁜 일주일이 지나고 주말 한 번 남편과 나는 해물쟁반 짜장과 여러 중국 음식을 시켜 함께 담소하며 맛있게 먹곤 한다.

남편과의 소중한 대화시간인 주말 중국 음식 먹는 하루가 서로 편안함을 공유하는 주중 행사처럼 느껴지기도 한다. 어느 날은 내가 손세정제를 주방장이신 주인께 챙겨드렸더니 바로 답례로 만두 1인분과 음료수를 건네 주셨다. 마음이 따뜻해지는 감동의 순간이었다. 몇만 원어치의 중국 음식을 즐기는 우리가 대단한 고객은 아닐진대, 세심하게 챙겨주시는 주인의 배려가 내 마음을 따뜻하게 데워주는 듯했다. 그래, 사람을 감동시키고 작은 행복을 느끼게 해주는 것은 대단한 선물도 달콤한 립 서비스도 아닌 것 같다.

진심이 함께하는 배려와 관심이었던 것이다. 몇만 원어치 중국 음식을 주문해 먹는데 군만두를 서비스로 받으니 미안한 마음이 들었다. "감사해요, 사장님" 하고 인사말을 건넸더니 주인아저씨는 "괜찮습니다. 만두 많이 있어요"라며 함박꽃을 입가에 피운다. 소소한 일상에 특별한 행복감을 선사해 주신 짜장면집 사장님 "대박 나시고 행복하세요"

감정 구두쇠

구두쇠 하면 '자린고비'라는 단어가 생각나고, 구두쇠를 주제로 쓴 전래동화를 어릴 적 많이 읽은 기억이 난다. 인생을 살면서 필요한 곳에 쓸 때 쓰고 먹고 싶은 것 먹으며 적당히 아끼고 모으는 것은 바람직하나, 먹을 거 안 먹어가며 꼭 써야 할 때 안 쓰고 긴축하며 돈만 모으는 것은 수전노에 가깝다.

이렇듯 구두쇠라는 단어는 우리에게 좋은 의미보다는 바람직하지 않은 단어로 우리에게 조심스레 와 닿는 것 같다. 그런데 감정 구두쇠는 어떤가? 전혀 상대를 칭찬하거나 격려할 줄 모르고 폄하하고 나쁜 쪽으로만 얘기하는 사람들, 또는 사랑한다는 말 한마디 할 줄 몰라 상대를 외롭고 피폐하게 만드는 사람들, 그야말로 감정을 제대로 적당히 표현할 줄 모르는 감정 구두쇠가 우리 주위에 너무 많은 것 같다.

"말 한마디로 천 냥 빚을 갚는다"는 흔한 말을 익히 알고 있지만, 남을 칭찬하는 데 인색하고 인간난로가 필요해 추워하고 있는 누군가를 따뜻하게 하는데 감정표현이 많이 부족한 우리들이다. 칭찬은 고래도 춤추게 하기도 하고, '격려는 귀로 먹는 보약'이라고도 하는데 우리는 감정표현을 너무 필요 없이 아끼는 것은 아닌지 모르겠다. 느낀 대로 거침없이 표현하고 행동하는 서양 사람들처럼 우리도 힘차게 사랑을 표현하고 상대에 대한 칭찬을 아끼지 않으면 좋겠다.

비록 내일 오늘의 감정과 다르고 사랑이 식을지라도, 지금 이 순간의 감정을 느낀 대로 바로바로 표현하면 되로 주고 말로 받기를 원하는 욕심 많은 사람도 훗날 후회와 아쉬움은 적을 것이다. 물질의 구두쇠가 될망정 적어도 감정의 구두쇠는 되지 않아야겠다. 감정표현에 소극적이고 내성적인 사람도 감정표현만큼은 넉넉히 할 줄 아는 감정 부자가 되도록 하자.

물질적인 부자도 좋지만 감정의 곳간에 쌓아둔 표현 덩어리가 상해서 버려지는 일이 없도록 감정도 잘 가꾸고 관리해야 할 것이다. 소중하게 인연 맺은 사람들과 극단적인 표현보다는 예쁘고 고운 사랑의 감정을 넉넉히 표현하며 살도록 하자.

진실된 감정표현은 빛이 되어 우리네 인생을 더욱 반짝반짝 윤이 나게 만들 것이다.

삶은 이기는 것이 아니라
견디는 것입니다.

모네, 《 아르장퇴유의 다리 》

8
인생의 장

가지 않은 길

요즘 고등학교 교과서에 나오는 「프로스트」의 '가지 않은 길'이란 단어가 새록새록 떠오른다. 가지 않은 길에 대한 아쉬움이 시간이 지날수록 커지는 것을 보니 나도 이제 나이가 들었구나 라는 생각에 잠시 경련을 느낀다. 살면서 매 순간 우리는 선택의 기로에 서 있을 때가 있다. 진학하는 학교의 선택, 직업의 선택, 배우자의 선택 등 중요한 선택의 순간마다 우리는 장고하고 심사숙고하여 선택을 하게 된다.

그런데 그 선택의 순간을 완전히 스스로 혼자 결정하는 경우도 있고, 부모 형제 친구의 조언을 받아 선택하는 경우도 있다. 시간이 지나 그 과정을 돌이켜 볼 때 정말 잘 한 선택이 있고, 진한 후회가 밀려오는 선택이 있다. 왜 그런 선택을 했을까 전혀 이해가 가지 않는 아쉬움 덩어리로 남아 있는 경우도 있다. 어찌 그리 정답을 피해서 오답만을 선택했는지 땅을 치며 통곡하고 싶은 선택도 있을 것이다.

나는 운명론자는 아니지만 여러 가지 길에서 선택한 그 길이 후회와 아쉬움이 너무 커서 아픔으로 남는 경우가 있다면, 그것은 어쩌면 소위 어른들이 말하는 운명일지도 모른다는 생각이 든다. '앞에서 돌이 날아오면 운명'이고 '뒤에서 돌이 날아오면 숙명'이라고 하는데 어쩌면 예정된 수순에 의해 움직이는 것이 운명일 것이다. 인간의 힘으로 어쩔 수 없는 불가항력적인…. 그렇다면 어찌해야 할까?

우리가 그때 그 길을 가지 않고 다른 길을 선택한 것을 후회하고 또 후회한들 남는 것은 허무함과 안타까움뿐일 것이다. 우리 모두는 행복해지길 원하는데 잘못된 선택으로 지금 행복하지 않다면 어찌해야 하나? 그래도 희망을 잃지 않는 것이 중요하다. '희망을 잃는 것은 죄악'이라고 한다. 때로는 적당한 체념과 포기가 삶을 현명하게 살아가는 방법일지도 모른다. 그렇다고 무기력하게 모든 것을 체념하고 포기하라는 뜻이 아니라, 지나간 것은 지나간 것으로 넘겨버리고 이미 선택한 것들에 대한 자기 책임이 때로는 필요하다는 것이다.

아쉽고 또 아쉬운 결정들! 다시 그 순간으로 돌아간다면 절대로 이런 선택을 하지 않았을 것인데 라는 안타까움도 가 보지 않은 길에 대한 동경에서 비롯된다. 지금 이 순간도 선택의 기로에 서 있다. 이 일을 해야 할지 말지, 누군가를 만나야 할지 말지, 이 얘기를 해야 할지 말지 등등…. 그러나 분명한 것은 해 보고 나서 후회를 하더라도 하지 않고 가 보지 않고 만나지 않고 시간이 지나서 후회하고 아쉬운 마음을 갖는다는 것은 무척 어리석다는 것이다.

한 번 잘못하면 실수지만 두 번 이상 잘못하면 그것은 경솔함과 어리석음 때문이다. 예전에 가지 않은 길을 가고 싶다면 거침없이 가 보도록 하자. 거기에 다른 이유를 붙여 주저하기에는 우리 人生이 그리 길지 않다.

"실패란 누구도 예외 없이 지불해야하는 통행료와 같다"고 누군가는 말했다. 우리가 선택한 길이 원하지 않는 실패였다면 지금 이 순간부터라도 바라고 원하는 성공의 길로 진입하도록 노력해 보자. "세상에서 가장 중요한 때는 지금이고, 가장 중요한 사람은 지금 함께 있는 사람"이라는 「톨스토이」의 말이 귓전을 맴돈다. 드라마보다 더 드라마틱한 人生의 주인공은 바로 우리이다. 더 이상 행복으로 입문할 수 있는 기회를 놓치지 말자.

인생의 봄날

우리 人生에서 봄날이 과연 언제였던가?

지난날을 반추해 보면서 정말 우리가 행복의 절정을 이루고 별이 반짝반짝 빛났던 시기가 언제라고 말할 수 있을까?

질풍노도의 시기로 젊은 날의 꿈과 희망으로 점철되어 활화산의 불꽃처럼 타오르던 열정이 가득한 20대, 人生에서 설익은 자신감과 포기가 함께 교차했던 30대, 이 시기는 때론 좌절감을 맛보면서 취할 것은 취하고 버릴 것은 버리는 가지치기를 해야 했던 시간이었던 것 같다. 농익은 과일처럼 쓴맛 단맛을 함께 알게 되면서 반드시 마음먹은 대로 인생이 전개되는 것은 아니라는 것을 알게 되어 포기와 체념이라는 단어에 어느 정도 익숙해진 40대, 인간사 모든 것에는 하늘의 뜻이 있음을 알게 되면서 겸허함과 함께 人生의 묘미를 알게 되는 50대, 우리 모두는 각자 人生의 봄날이 다를 것이다.

남이 힘들었던 시기가 본인은 황금기였을 수도 있고…. 나이가 들수록 마음의 방에 버리지 못하고 쌓여 있는 묵은 감정이 많아지는 법. 미움, 분노, 원망 등을 버려야 새로운 것들로 채울 수 있다는 지혜도 터득하게 되는 그날이 人生을 어느 정도 알게 된 중년 이후의 시기이리라!

집안에 쓸데없는 것들을 과감히 버려야 새로운 것들로 채울 수 있듯 묵은 각질의 상흔이 이해, 너그러움, 관용이라는 단어로 바뀔 때 우리네 人生은 어느덧 성숙의 단계에 와 있고 봄날에 와 있지 않을까! 계절도 4계절이 있듯 인생도 4계절이 반복 순환하는 것 같다.

따뜻한 온기와 희망으로 가득 찬 봄, 태양의 폭염을 닮은 듯 열정으로 가득 찬 人生의 여름, 수확의 계절인 가을에 우리가 뿌린 것들을 수확해야 하는 人生의 추수기, 추위에 꿈과 희망 모든 것들이 얼어붙어 정지된 듯 느껴지는 人生의 겨울, 人生의 봄날은 정녕 존재하는 것일까!

우리는 항상 현재에 만족하지 못하고, 먼 곳에 있어서 닿을 수 없고 가질 수 없는 것들만 좇다가 많은 시간을 허비하기에 진정한 봄날을 놓치고 지나칠지도 모른다는 생각이 든다. 진정한 人生의 황금기를 人生의 봄날을 느끼지 못하고 자신도 모르게 흘려보내는 우를 범하지 말아야 할 것이다.

희망을 품고 사는 이 시간이 인생의 하이라이트일지도 모르며, 아직 원하는 모든 것을 이루지 못했지만 희망과 설렘을 버리지 못하고 움켜쥐고 있는 이 순간이 또한 人生의 클라이맥스인지도 모른다. 봄꽃 대명사인 팬지나 프리지어처럼 봄날은 병아리의 노란 미소로 우리 곁에 다가온다.

인생의 기억에는 구멍이 있을 수밖에 없는데 이미 지나온 길이 우리가 다 겪은 길이 아니듯 우리가 가야 할 길이 우리 모두가 겪을 길은 아니다. 누구는 봄을 체험할 수도 있고, 누구는 겨울을 체험할 수도 있다. 그러나 각자 성향에 따라 겨울로 보이는 힘든 시간이라도 따뜻한 봄날로 느낄 수도 있는 법. 우리는 진정한 봄날을 느끼기 위해 오늘도 꿈과 희망의 끈을 놓지 않고 움켜쥐고 있다.

계절상의 봄처럼 젊은 날의 화창함이 반드시 인생의 봄날이 아니라, 나이가 들어 노인이 되어도 그 순간 행복하고 마음이 편안하고 열정이 있다면 人生의 봄날일 것이다. 바로 지금 이 순간이 화양연화….

잡을 수 없는 신기루를 좇다가 生을 마감하는 순간 "이게 삶이구나"라고 느낀다고 하니 지금 이 순간이 바로 봄날인 것을 명심하고 소중하게 이 시간을 다뤄야 할 것이다. 긴 시간이 지나고 나서 아득했던 지난 순간을 아쉬워하지 말고 지금 이 순간 바로 이 순간이 人生의 봄날이라 여기면서 꽃 피는 봄날을 만끽해 보는 여유를 가져 보자.

낯선 얼굴

비가 구슬프게 내리고 있는 12월 어느 날 오후! 문득 거울을 보니 머릿결이 부스스해 보여 파마를 하기 위해 오랜만에 단골 헤어 샵을 찾았다. 파마 가운을 입고 거울 앞에 앉았는데 거울 앞에 비춰진 내 모습을 보고 화들짝 놀랐다. 피곤함에 젖어 생기라고는 찾아볼 수 없는 무척 낯설어 보이는 중년 女子가 거울 앞에서 나를 응시하고 있는 게 아닌가!

그녀는 바로 다름 아닌 나였다. 새초롬하고 청순해 보이던 그 모습은 어디 가고 이렇게 낯선 중년 女人으로 변해 있을 줄이야…. 세월이 흘러 새겨진 삶의 흔적이었던 것이다.

세월은 이토록 정직하게 자기의 임무를 완수하고 있었던 것이다. 단 하루도 결석이 없이 세월은 하루를 보내고 또 한 계절을 보내고…. "늙음은 원하지 않게 손에 쥐어지는 전단지 같은 것"이라고 한다. 내가 원하지 않아도 기다리지 않아도 내 옆에 조용히 다가와 앉아있는 친구처럼, 나이 듦은 소리 없이 그렇게 준비 없이 어느 순간 찾아오는 것이었다.

우리가 진정으로 좋은 날씨를 느끼려면 그것이 오랫동안의 악천후 뒤에 와야만 하는 것처럼 젊음에 대한 가치도 늙음이라는 반갑지 않은 손님이 찾아온 후에야 알게 되는 것 같다. 그저 나만은 언제까지나 건강하고 젊을 것 같았지만 속절없는 세월 앞에 그 누구도 갑작스레 찾아온 소나기를 피할 수는 없는 것이리라!

곱게 나이를 먹고 싶다는 평소의 생각대로, 나름대로 열심히 살아온 삶의 흔적이 얼굴에 주름이라는 안타까움으로 남을지라도 당당히 나이 듦에 대면하고 싶다. "너의 젊음이 노력으로 얻은 상이 아니듯 나의 늙음도 잘못으로 받은 벌이 아니다"라는 어느 작가의 말처럼 언젠가 대면할 반갑지 않은 손님일지라도 기꺼이 즐거운 마음으로 맞이할 수 있도록 오늘을 준비하고 싶다.

"늙어가는 사람만큼 인생을 사랑하는 이는 없다"는 소포클레스의 말이 절실하게 다가오는 순간, 인생의 진짜 즐거움이 무엇인지도 느끼게 되리라! 삶에서 간절함이 빠져나가면 더욱 늙는 것이다. 늙지 않기 위해서라도 절실함을 갖고 더욱 정진해야겠다.

인생은 행복인 동시에 슬픔이라고 한다. 언제 어떤 일이 일어날지 모르니까….

인생의 반전

　우리는 드라마를 볼 때나 책을 읽을 때 구성이 평이한 전개보다는 재미를 위해서도 극적인 반전을 원하는 경우가 종종 있다. 예측하지 못한 허구의 전개에 시청자나 독자는 황당해하면서도 재미가 더해진 느낌을 받는다. 누구나 다음 전개가 예측할 수 있는 것이라면 몰입도와 흥미는 감소할 것이나 그 누구도 정말로 생각지 못한 전개가 진행될 때 황당함에 놀라면서도 흥미의 극치를 더해가고 있음을 인정하게 된다. 우리는 좀 더 드라마틱하고 좀 더 소설틱한 전개가 우리 인생에서도 펼쳐지기를 원하고 있다.

　삶은 어쩌면 드라마보다 더 드라마틱할지도 모른다. 지금까지의 무미건조한 일상에서 벗어나 뭔가 생각지 못한 뜻밖의 사건이나 만남이 발생하길 원하고 있는 우리는 내일은 오늘과 다른 행운이, 행복의 화신이 우리 곁을 찾아주길 기다리고 있다. "이렇게 내 人生이 끝나는 것은 아닐 거야. 뭔가 다른 반전이 분명히 있을 것이야"라면서 우리는 또 다른 내일을 막연히 꿈꾸고 있다.

　그러나 생각해 보면 人生은 그렇게 호락호락한 것이 아니다. 막연히 꿈을 꾼다고 해서 그 꿈이 실현되는 것도 아니고, 막연히 예쁜 사랑을 꿈꾼다고 해서 소설틱한 그런 사랑이 찾아오는 것은 아닌 것 같다.

　그러면 人生의 반전을 기다리는 우리네 평범한 사람에게 내일의 반전을 위해 우리는 무엇을 준비해야 하는 것일까! 지금 경제적으로 어려운 사람은 내일의 부자가 되기를 기다릴 것이고, 지금 사랑하는 사람이 곁에 없는 者는 내일의 멋진 사랑의 반전을 기다리고 있을 것이다. 계속 도전에 실패하는 누군가는 반드시 실패 뒤에 찾아오는 내일의 성공을 꿈꾸고 있을 것이다. 그렇다면 우리가 원하는 인생의 반전은 드라마가 아닌 실제 인생에서 반드시 전개될 수 있는 것일까!

평범하게 안이하게 자라온 자보다는 실패와 고통을 겪어본 자는 인생을 반전시킬 수 있는 힘과 역량이 있다고 생각된다. 그만큼 실패와 고통에 대한 내성은 새로운 도전에 대한 두려움을 감소시키기 때문에 여러 번의 실패를 겪더라도 그 후에 반전을 시도할 능력이 생기는 것이다.

"희망은 잃지 않기 위해서 존재하는 것이 아니라 갖기 위해서 존재한다. 희망을 잃는 것은 죄악"이라는 어느 작가의 말처럼 우리는 오늘도 절망 속에서 희망의 동전을 열심히 던져보려고 노력한다. 왜냐하면 희망이 없다는 것은 죽음을 의미하는 것이기에…. 힘들고 괴로운 순간에 살아갈 수 있는 이유와 용기를 주는 이름 그것이 바로 꿈이자 희망인 것이다.

오늘보다 내일이 더 행복해질 거라는 희망이 우리에게 없다면 아마 우리는 신산한 오늘을 견뎌내기 어려울 것이다. 오늘과 다른 내일의 반전을 간절히 바라고 있는 사람들은 절망도 희망을 위해 존재한다는 신념을 갖고 불행을 정면으로 기꺼이 받아들여야 한다. 물론 쉬운 것은 아니겠지만 그러다 보면 불행이 행복의 얼굴로 바뀌어 우리를 향해 미소 짓고 있는 날이 반드시 올 것이다.

인생의 반전을 꿈꾸는 모든 사람들이여, 오늘 슬프고 괴로워도 열심히 희망의 화분에 물을 주어 내일 행복이란 손님을 맞이할 준비를 하자. 희망을 갖지 않는 것은 어리석은 일이라고 한다. 우리가 보다 영리하게 살아가는 방법은 실패하고 절망해도 계속 희망의 실타래를 풀어나가는 작업을 하는 것이다.

"꿈을 선택한 순간부터 그걸 이룰 수 있는 능력도 함께 생긴다" 꿈을 향해 오늘 최선을 다한 후 우리 모두 인생의 반전을 기다려 보자.

골든 타임

　골든 타임의 뜻은 금 같은 시간 즉 아주 중요한 시간이라는 뜻으로 삶과 죽음의 기로인 절박함의 시점에서 뭔가 결정을 해야 할 경우에 이 단어를 쓴다.

　골든 타임은 죽어가는 환자의 수술시간을 조금만 늦추어도 사망할 수 있는 매우 절박한 상황에서 그 시기를 놓치면 죽음의 바다에 함몰해야 하는 경우도 있다는 것을 보여 준다. 그래서 그 중요성은 우리가 아무리 강조해도 지나치지 않을 것 같다. 그렇다면 골든 타임의 중요성이 인생에 있어서도 적용될 수 있다는 것을 곰곰이 같이 생각해 보자.

　살면서 중요한 선택을 해야 할 시기에 그 시간을 넘기면 우리는 값나가는 금보다 은 아니면 동을 평생 후회와 함께 얻게 될지도 모른다. 누군가와 사랑을 하고 있을 때도 골든 타임의 시기에 사랑을 표현함으로써 사랑의 크기가 더욱 커지고 소중한 사람을 놓치지 않을 수 있음에도 불구하고, 그 시기에 표현을 하지 않음으로써 상대방이 오해하고 허공에 대답 없는 메아리만 들으면서 자신만 짝사랑을 하는가 보다 절망하면서 떠나는 경우도 있다.

　평생 후회할 일이 생길지도 모른다는 것이다. 직업을 선택함에 있어서도 어떤 직업을 간절히 원했는데 그 직업의 선택을 결정함에 있어서 여러 가지 이유(환경적, 지리적 이유)로 유보를 하다가 중요한 골든 타임을 놓쳐 그 직업을 놓치게 되는 경우도 있다.

골든 타임에 결정의 순간을 놓쳤기 때문에 훗날 아쉬움과 미련이 남을 수도 있는 법. 그런 실수를 범하지 않기 위해 人生에서 매 순간 골든 타임의 순간을 놓치지 말아야 할 것이다. 타이밍이 중요하다는 말은 만남, 이별, 결혼, 직업선택 등 매 선택의 순간에 적용되는데 즉 골든 타임을 잘 판단해 놓치지 않으면 우리는 살 수 있고 훗날 후회가 없을 것이며 놓치면 회한과 함께 죽게 되는 것이다.

미리 경험해 보고 판단하면 실패를 줄이고 자신감 있게 헤쳐 나갈 수 있기에 우리는 골든 타임을 놓치지 않기 위해서도 다양한 경험, 성공뿐만 아니라 실패의 감정도 겪어봄이 중요하다. 대부분의 사람은 실패의 경험을 상처로 간직하고 있는데, 어떤 경험이든 교훈으로 삼아서 자산으로 만들어야 훗날 사람을 더욱 단단하게 만드는 대들보 역할을 하게 되는 것이다.

그런 과정을 거치면서 골든 타임의 순간을 잘 감지할 수 있는 능력이 생기는 것이고, 나아가 골든 타임을 잘 포착해서 우리 人生에서 중요한 선택의 기회를 놓쳐서 생기는 후회의 씨앗을 심는 과오를 막을 수 있을 것이다.

바로 지금 이 순간이 사랑의 표현, 직업선택, 생과 사의 갈림길에서 당신이 놓치면 안 되는 골든 타임의 순간은 아닌지…. 골든 타임을 잘 지켜 건강하고 행복한 삶이 되도록 우리 모두 현명함의 친구가 되어보도록 하자.

종교 쇼핑

우리는 살면서 때때로 인간의 힘으로는 어쩔 수 없는 난관에 부딪히곤 한다. 도저히 우리의 능력으로 해결할 수 없는 상황에 봉착할 때 눈에 보이지 않는 절대자를 찾게 된다. 하느님, 부처님, 마리아님, 예수님(기독교, 불교, 천주교) 등 절대자를 간절하게 부르며 우리를 구원해 줄 것을 기도한다.

어떤 의미에서 종교는 인간의 삶과 떼려야 뗄 수 없는 필수조건인지도 모른다. 인간은 나약한 존재이고 절대로 전지전능할 수 없기에 종교는 살아가면서 꼭 필요하다는 생각을 하게 된다. 그러나 모든 사람이 종교를 필요하다고 생각하지는 않는 것 같다. 그들은 아직 자신의 능력을 믿기에, 또는 구원의 손길을 바랄 만큼 큰 시련이 없기 때문일 수도 있다.

자신 이외에 누구의 도움도 필요 없다는 오만함으로 가득 찬 사람들은 항상 본인에게 행운만이 함께할 것으로 믿는다. 그러나 어디 인생이 그리 만만한가? 오만한 자에게는 반드시 겸허함을 가질 수 있도록 운명의 여신이 때로 경종을 울리게 한다.

우리는 종교를 최종적으로 선택하기까지 어떤 종교가 자신에게 딱 맞는 옷을 입은 듯 어울리는지 입어 보고 또 입어 본다. 이곳저곳에 가서 교회 강연도 들어보고 불교설법도 들어본다. 나름대로 다 옳은 말씀이라는 긍정적 생각과 함께 때때로 종교에 대한 거부감이 드는 강의도 있을 수 있다.

여러 종교의 장점과 단점이 각각 있을 수 있는데 그렇다면 우리는 어떤 것을 선택해야 할까? 마음을 부담 없고 평온하게 만들어주는 종교가 각각의 성정에 맞는 종교라고 생각된다. 왠지 불편하고 가는 것이 꺼려진다면 그것은 우리에게 맞지 않는 배우자를 만나는 것과 같을 것이다.

꼭 물건을 사기 위해 쇼핑을 하는 것은 아니지만, 구매를 염두에 두고 쇼핑을 하듯 종교쇼핑을 한다는 것은 어느 정도 종교가 마음속에 들어와 있기 때문일 것이다. "승리의 오만에 취했을 때 겸손을 일깨워주고, 좌절의 늪에 빠졌을 때 희망을 주는 것이 종교"라고 확신하게 되는 날 우리는 종교쇼핑을 마치고 마음의 평화와 함께 멋진 종교에 입문해 있을 것이다.

내 生의 단 한 사람

우리는 살면서 수많은 사람과 조우하고 이별을 한다. 지금까지 살아오면서 수많은 사람을 만나고, 또 헤어지고 또 여러 가지 색깔의 人生 경험을 하면서 한 계단 한 계단 각자의 고지를 향해서 올라갈 때 때로는 도중에 오르는 것을 포기하고 싶을 때도 있었을 것이고, 잠시 포기를 했던 순간도 있었을 것이다.

그럴 때 우리에게 진심으로 마음의 힘이 되어준 사람은 누구일까? 부모, 배우자, 자식 아니면 연인, 또는 절대자…. 운이 좋은 사람은 지친 마음의 각질을 제거하는 필링제 역할을 해주는 사람이 곁에 있었을 수도 있고 아니면 누구의 도움이나 격려 없이 혼자 험난한 여정을 헤쳐 나가기 위해 안간힘을 쓰는 경우도 있었을 것이다. 자신을 인정해 주는 누군가의 말 한마디가 人生을 바꾸기도 하는데 우리가 쓰러지려고 할 때 옆에서 부축해 주며 일으켜 세워 주려고 하는 사람을 우리는 평생의 은인으로 잊지를 못한다.

그 대상은 자연일 수도 人間일 수도 절대자 또는 종교일 수도 있을 것이다. 사람과 사람이 만나면 사람마다 성품의 결이 다르기 때문에 상처가 생긴다고 한다. 강한 것과 부드러운 것이 부딪치면 여린 쪽이 상처를 받기 마련인데 우리는 숱하게 상처를 받으면서 살고 있고, 또는 우리도 모르는 사이 누군가에게 상처를 주고 있는지도 모른다.

그것을 누구는 '무심죄'라고 표현을 했다. 우리도 모르는 사이에 상처를 준다고 해서…. 우리는 우리에게 상처를 준 사람을 용서하지 못하고 마음속 깊이 새겨 놓은 채 잊지 못하고 살아간다. 반면에 우리를 도와주고 구원해 준 고마운 사람은 여유가 없어 살기 바쁘다는 이유로 때때로 잊고 산다.

그렇다면 켜켜이 쌓여 가는 인생의 기억 저장고에 가장 선명하게 떠오르는 우리 인생의 단 한 사람은 누구일까? 물론 떠오르는 단 한 사람이 긍정적 의미의 좋은 영향을 주는 사람이길 바란다.

우리의 재능을 빨리 찾아 인정해 주고 지금의 직업을 갖기까지 자신감을 갖게 해 주면서 눈에 보이지 않는 큰 격려의 지원군이 되어 주셨던 선생님! 아니면 건조한 대지가 갈라지듯 메마른 감성 위에 촉촉한 사랑이라는 이름을 덧씌워 준 첫사랑의 연인! 그것도 아니면 살면서 경제적으로 어려울 때 조심스럽게 소리 없이 구원의 손길을 내밀어 준 희생의 아이콘 부모님!

각자의 사연마다 우리 人生의 단 한 사람은 다를 것이다. 떠오르는 인생의 단 한 사람으로 인해 내 삶의 양식이 긍정적으로 바뀌고 풍성한 삶의 주인이 될 수 있다면 당신은 행복한 한 사람을 가슴속에 안고 사는 것이다. 그러나 지금의 삶이 상처를 준 누군가로 인해 불행하다면 당신은 무척 쓸쓸한 삶을 살고 있는 것이다.

살면서 떠오르는 인생의 단 한 사람이 우리가 잊을 수 없는 사랑과 은혜의 대상이어야지 우리를 불행하게 만든 불운하고 어둔 이야기의 주인공이면 무척 안타까울 것이다.

 구원의 대상으로 누군가에게 잊을 수 없는 내 生의 단 한 사람이 되어 봄은 어떨까? 삶에 긍정적인 에너지를 주는 단 한 사람이….

삶의 비타민

오늘도 어김없이 아침에 일어나 비타민 영양제를 무심히 입에 집어넣는다. 하루 일과 중 하나로 별 생각 없이 하는 습관적인 행동으로 비타민 영양제를 먹으면서 건강이 좋아질 거라는 막연한 기대를 저버리지 않는다.

이 영양제가 몸의 건강에 얼마나 큰 효력이 있는지는 정확히 측정할 수는 없으나, 우리에게 심리적인 안정감을 주는 것은 분명한 것 같다. 이렇게 약을 먹으면 심리적으로 좋을 거라는 긍정적인 사고는 우리가 살고 있는 곳곳에서 필요한 자세이기도 하다. 누군가를 만나면 좋은 일이 생기고, 어떤 옷을 입으면 행운이 따르며, 어느 장소를 가면 심신의 안정을 느끼게 되는 것들….

누구는 삶의 활력을 찾기 위해 사랑을 하기도 하고, 누구는 공부를 더 해서 학위증을 높이는 것이 삶의 비타민이기도 하다. 돈, 명예, 권력을 좇아 원하는 목표에 도달하면 그것이 비타민 영양제일 수 있고 누군가로부터 칭찬 듣고 인정받는 작은 기쁨이 건강에 비타민 영양제 이상의 효과를 내기도 한다.

미래에 다가올 고난을 우리 인간은 예측할 수 없기에 예방차원에서 종교를 갖고 종교행사에 동참하기도 한다. 이런 모든 행동은 삶에 영양제를 주어 좀 더 안정되고 튼실한 건강한 삶의 완성체를 위함이다. '격려는 귀로 먹는 보약인데, 남자는 격려를 여자는 사랑을 먹고 산단다.

이렇듯 각자에게 효능이 다른 삶의 비타민 중에서 우리 몸과 마음을 건강하게 만들어 주는 자연, 사람, 취미 등 어떤 것이 있는지 찾아보는 작업을 해봄은 어떨까? 그리하여 각자 삶에 건강에 맞는 비타민 영양제를 섭취하면 좀 더 풍요롭고 행복한 삶이 펼쳐지리라 믿는다.

우리 모두 각자에게 적당한 삶의 비타민을 복용하여 의미 있는 삶, 1등은 아니지만 일류의 삶을 살도록 노력해 보자. "삶은 이기는 것이 아니라 견디는 것이다"

살아가며 맺는 인연들이
꽃보다 아름답습니다.

모네, 《 지베르니의 서리 》

9
반려견의 장

새봄이

새봄이는 대학교수로 정년퇴직한 노부부와 함께 그림 같은 집에서 가족처럼 살고 있는 반려견이다. 자식을 모두 출가시키고 교외의 전원주택에서 둘만이 오붓한 시간을 보내고 있는 노부부에게 사랑을 듬뿍 받고 있는 새봄이는 지금 노부부가 그 누구보다도 아끼는 자식이면서 동반자이다.

노부부가 외출할 때는 문 앞까지 나와 배웅해주고, 몸이 아플 때는 옆으로 와서 끙끙거리며 애달파 한다. 또 노부부가 귀가할 때는 꼬리를 힘차게 흔들며 귀가를 환영하면서 오랜 이별 뒤의 만남이라도 한 듯 만남의 행진곡을 크게 부른다.

어느 자식이 이토록 이 노부부를 반겨주고 걱정해주며 생각해줄까! 옆에서 지켜보는 우리도 새봄이의 재롱이 무척 사랑스럽고 신기하게 느껴진다. 집으로 귀가했을 때 꼬리를 흔들며 맘껏 반가움을 표시하는 새봄이와 조우하는 그 순간이 '이 세상에서 가장 행복한 순간'이라고 말하는 노부부.

발레리나를 연상시키는 레이스 달린 예쁜 옷을 입혀 외출하면 주위 사람들의 시선은 새봄이에게로 몰리고 '예쁘다'라고 감탄하는 소리를 듣고 난 새봄이 아빠는 득의양양 입가에 함박꽃 같은 미소가 번진다. 마치 자기 자식이 칭찬을 받는 듯 자랑스러워하며 새봄이와의 외출을 매우 즐기는 그 모습을 보는 우리도 입가에 분꽃 같은 작은 미소가 번진다.

인간과 인간 사이에 서로 대화를 나누고 있어도 전혀 감정의 교류를 못 느끼고, 공허한 메아리만 울리는 소통의 부재를 느끼는 요즘. 이렇듯 언어로 대화를 나눌 수는 없지만 그 눈빛, 표정, 꼬리의 흔듦으로 인간 이상으로서의 교감과 커뮤니케이션이 이루어짐을 느끼는 순간 어쩌면 반려견이 인정 없는 못된 인간보다 낫다는 생각이 들기도 한다.

하나의 fact를 두고 서로가 각자의 입장 차이로 어쩌면 저렇게 다른 해석을 할 수 있을까에 놀랄 뿐인 요즘, 새봄이와 같은 반려견의 존재는 감정의 순화, 생명의 연장 의욕, 나아가 삶의 의욕을 고취시키는 중요한 역할을 하는 것 같다. 주변에 사람들로 둘러싸여 있어도 뭔가 허전하고 쓸쓸함을 느끼는 소통의 단절 속에 살고 있는 우리는 지금 또 하나의 동반자를 찾기 위해 헤매고 있는지도 모른다.

7살 된 새봄이의 나이는 사람으로 치면 중년의 나이인데 아직도 저렇게 사랑스럽고 매력적인 모습으로 주인의 사랑을 받고 있는 것을 보면서 우리네 인간도 나이가 들수록 더욱 고운 향기가 나는 인간미의 소유자가 되어야겠다는 다짐도 해본다. 새봄이가 예전보다 움직임이 둔해지고 아픈 구석도 많아지면서 인지능력이 떨어지는 것이 사실이지만 잠깐의 즐거움을 위해 선택한 가족이 아니기에 새봄이의 나이 듦이 무척 안타까워 보인다. 우수 어린 촉촉한 검은 눈망울은 사람을 현혹시키기에 충분하고 밍크처럼 부드럽고 고운 하얀 털과 날씬한 몸매는 인간으로 치면 절세미인에 가까운 새봄이!

그러나 새봄이를 좋아하는 이유는 그 외모보다도 사람의 마음을 잘 헤아릴 줄 알고, 주인의 기쁨과 슬픔을 잘 읽고 공감해 주기 때문이다. 주인이 기뻐하는 일이 있으면 마치 입가에 미소를 띤 듯 밝은 표정으로 환호해주고, 슬퍼하는 듯 보이면 눈가에 촉촉한 물기를 머금은 채 위로해주는 듯한 공감의 메시지를 보내는 새봄이!

치열한 경쟁사회 속에 서로 감정을 속이고 기만하며 무거운 침묵 속에 살아가는 인간보다 감정표현에 솔직한 새봄이는 소통의 작은 기쁨이 커다란 강물이 되어 영혼을 적셔주는 듯한 에너지를 제공해주는 소중한 보배임에 틀림없다.

"관심이란 나 아닌 타인에게 마음 한자리를 내어주는 일"이라고 한다. 또한 관심은 사랑의 첫 단계이고 완성인 것 같다. 주위의 침묵과 무관심 속에 더욱 고독의 늪에 빠지고 절망하며 삶의 끈을 놓으려는 청소년, 독거노인이 점점 늘고 있다. 독거노인의 자살률은 OECD 국가 중 1위로 점점 혼자 살고 있는 가구 수가 증가 추세인 요즘, 외롭고 소외된 이웃에게 사랑으로 보듬고 따뜻한 손 한번 내밀어 사랑의 식탁이 차려지는 기쁨을 느껴봄은 어떨까? 누군가의 가슴속에 진정한 교감을 느끼게 해주는 교감의 메신저로, 행복의 엔돌핀을 샘솟게 해주는 행복의 지킴이로, 보고 있어도 항상 그리워지는 애인 같은 소중한 존재로 기억되도록 국화꽃 향기 가득한 가을에 더욱 사랑하고, 현재 진행형의 노력을 게을리 하지 말자.

어려운 이웃에게 희망을 잃지 않게 하라고 노부부가 지어준 이름처럼 새봄이가 노부부에게 영원히 새로운 꽃으로 피어나는 기쁨을 선사해주는 존재가 되길 조심스레 빌어 본다.

오늘따라 예쁘게 치장한 새봄이와 화려한 외출을 하는 노부부의 뒷모습이 더욱 평화스럽고 행복하게 느껴진다.

반려견의 장례식

요즘은 1인 가족의 가구 수가 매년 증가하고 있는 추세다 보니 자식과 동반자의 개념으로 사랑을 쏟으면서 서로 외로움을 나누고자 반려견을 기르는 경우가 많다. 나이 드신 어르신들은 자식을 다 키워 놓고 허전하고 외로워서 마음 둘 곳을 사람 아닌 자연이나 동물에서 찾는 경우가 있는데, 동물 중 선호도 1위는 반려견이라고 한다. 개가 아무래도 친숙하고, 주인을 잘 보살피고 따라주며 복종을 잘 하는 동물이기 때문인 것 같다.

그래서 반려견의 뷰티샵이 생기고 반려견의 병원도 도시 곳곳에 즐비하게 들어서고 있다. 반려견이 먹는 먹이, 옷 등은 웬만한 보통사람들 생활비보다 비싸게 매겨져 있어 주인의 경제적 수준에 따라 반려견의 수준도 달라지니 이 상황을 어이없다고 해야 할지 모르겠다.

부잣집에서 생활하는 반려견은 보통 중류 생활하는 사람보다 호강하는데 어찌 보면 인간의 외로움이 점점 더 극에 달해있어 사랑을 줄 수 있는 대상을 찾다 보니 이러한 현상이 생겼는지도 모르겠다는 생각이 들었다. 그렇다면 이렇게 정들여 키운 반려견이 사망했을 때 그 심정을 어떻게 표현할 수 있을까! 그 상실감은 어떤 표현으로도 대체할 수 없을 것 같다. 어느 날 TV에서 반려견이 나이가 들어 죽었는데 그 사체를 붙들고 통곡하는 중년 아줌마를 보게 되었다. 자식이 죽어도 저렇게 슬플까 할 정도로 통곡하는 어머니, 화면을 보는 순간 복잡한 감정이 얽히면서 마음이 아려왔다.

이렇게 죽은 반려견을 화장해서 사람처럼 잘 모셔놓은 반려견 화장함을 보니 그 수준이 웬만한 사람의 사후보다 낫다는 생각까지 들었다. 어떤 반려견의 화장함 옆에는 애정이 담긴 편지와 예쁜 꽃들, 함께 찍은 사진, 평소 개가 좋아했던 음식 등 예쁘게 꾸며 놓은 그 정성에 나는 놀라움을 금치 못했다.

팍팍한 물기 없는 일상에 기쁨과 위안의 대상이었던 반려동물이 이 세상을 떠났을 때, 주인의 입장에서는 그야말로 자식 떠난 것 같은 슬픔이 몰아친다고 한다. 분수를 모르는 사람보다는 자기 본연의 위치를 너무 잘 알고 주인에 무조건 순종하는 반려견의 존재는 어쩌면 우리의 아픈 상처를 치유하는 치료제요, 외로움을 채워주는 연인의 역할까지 하는지도 모른다.

빛과 어둠이 한 묶음이듯 삶과 죽음 역시 한 묶음이라는데 반려견의 죽음을 통해 우리는 또 다른 삶의 연장선을 경험하고 있는 것 같다. 사람이 죽었을 때와 똑같은 장례식을 치르고 화장되어 예쁜 화장함에 모셔 놓고 수시로 방문하여 죽은 반려견에게 "고맙고 사랑한다"라는 진심 어린 말을 건네며 추모하는 그 광경이 이제는 낯설지 않게 보인다.

절망감과 외로움이 목구멍까지 차오를 때 아픔을 위로해주고, 소소한 인생의 기쁨을 느끼게 해주는 반려견의 존재는 타인을 너무 의식하다 보니 행복도가 무척 낮은 한국인에게 행복과 또 다른 삶의 의미를 부여해 주고 있는 소중한 동반자로 자리매김하기에 손색이 없어 보인다.

반려견의 장례식 뉴스를 접하자니 마음 한구석으로 쓸쓸함이 엄습해

왔다. 우리 모두는 눈부신 햇살을 같이 느끼며 맛있는 음식을 같이 나눌 수 있는 이웃, 누군가의 가슴속에 진정한 교감을 느끼게 해 주는 교감의 메신저 그 누군가를 영원히 그리워하고 있는지도 모른다.

기약 없는 기다림

오랜만에 숙면을 취한 후 편안한 마음으로 기상한 어느 일요일 아침, 상쾌한 기분으로 TV를 켜니 마침 동물 프로그램이 방송되고 있었다. 무척 잘생긴 개가 두 눈에 눈물이 그렁그렁 맺힌 채 우두커니 누군가를 기다리는 장면을 보고, 나는 잠시 멈춰 시선을 고정시켰다. 개 품종에 대해 관심이 없던 터라 그 개의 품종을 잘 알 수는 없었지만, 사람과 비교해서 표현하자면 단정하고 반듯한 잘생긴 신사 같은 모습이었다.

교과서에 나오는 바둑이 같은 모습으로 멍하니 한 곳만을 응시하고 있는 그 광경은 바로 자기를 버리고 간 주인을 애타게 기다리는 모습이었다. 누군가가 하얀색 차에 개를 태우고 와서 지금의 시골 사거리 입구에 개를 버리고 갔는데, 그 이후 개는 흰색 차만 보면 빛의 속도로 달려가 주인이 자기를 찾아오기라고 한 듯 차의 이곳저곳을 살펴보고 냄새를 맡으며 킁킁거린다고 한다. 마치 예전 주인의 승용차이기라도 한 듯….

시간이 흘러 겨울이 되었고 하루는 추위에 벌벌 떨고 있는 개의 모습이 안타까워 동네 사람이 집으로 데려가 따뜻하게 몸을 데워주려고 해도 금방 도망쳐 바로 자기가 버려진 그 장소에서 미동도 않고 주인을 기다린단다. 주인을 기다리는 개의 두 눈이 너무 슬퍼 보여 순간 그 화면을 보고 있는 나도 눈물을 참을 수 없었다. 비록 동물이지만 그리움의 감정을 느끼는 것은 인간과 똑같은 것 같았다. 인간이라면 저럴 수 없을 텐데! 자기를 버리고 간 주인이 원망스럽지도 않은지 어떻게 똑같은 그 장소에 하루도 빠짐 없이 나타나 주인을 애타게 기다리고 있는 것일까?

주인을 향한 무조건적인 신뢰와 기다림에 마음이 아려오면서도 한편으로는 동물이 인간보다 낫다는 생각조차 들었다. 이해관계에 얽혀 배신과 이기심으로 가득 찬 인간세계에서, 주인에 대한 충성심과 신뢰가 가득한 충견의 모습은 우리 인간들에게 여러 가지 감정의 혼합을 느끼게 해주는 것 같았다. 옛 주인이 어떤 이유로 저렇게 충정스럽고 사랑스런 개를 시골 모퉁이에 버렸는지는 모르겠지만 개의 전 주인은 이 세상에서 가장 소중한 신뢰를 내동댕이친 거나 다름없다는 생각이 밀물 되어 요동쳤다.

먹지도 않고 추위에 떨면서 주인만을 기다리고 있는 개의 모습은 마치 상사병에 걸린 듯한 애처로운 모습 그 자체였다. 자기를 버렸다는 이유만으로 인간은 상대를 용납할 수 없고 분노의 감정만을 가질 텐데 TV에 방송된 개는 어찌 저런 순애보적인 감정을 소유할 수 있는 것인지.

세상에서 가장 슬픈 말은 '잊히다'는 말이라고 한다. 저 미약한 동물도 누군가로부터 잊어진다는 것이 죽음처럼 두려운 것일까? 누군가를 사랑하는 사람만이 살고 있는 사람이듯, 그 누구를 기다리고 그리워하고 있는 저 충견도 아직은 살아 있다는 것을 우리 모두에게 보여 주는 것이리라!

"살아가며 맺는 인연들이 꽃보다 아름답다"는 것을 개의 옛 주인이 알게 될 날이 반드시 올 것이다. 모쪼록 옛 주인이 나타나 넓은 사랑이 가득한 가슴으로 의리의 충견을 따뜻하게 포옹할 날이 오길 바라는 작은 소망을 하늘을 향해 띄워 보낸다.

우리는 떠날 때
뒷모습이 아름답게 남기를 원합니다.

모네, 《 포플러 나무 아래에서 》

10
진정한 아름다움의 장

아름다운 인연

"우리 만남은 우연이 아니야 그것은 우리의 바램이었어"라는 유행가 '만남'의 한 구절처럼 만남에는 정말로 생각지도 않았던 우연한 만남도 있고, 간절히 바라고 꿈꾸어 이루어지는 절실한 만남이 있다. 소위 운명 같은 만남, 피할 수 없는 만남, 우리는 어쩌면 그런 숙명의 굴레에서 헤어날 수 없는 주어진 각본대로의 연출 속에서 살아가고 있는지 모른다.

누구와의 만남은 행복을 배달해주는 집배원 역할을 하는 것이 있는가 하면, 정말로 받고 싶지 않은 편지 한 통을 받듯 피하고 싶은 원하지 않는 만남도 있다. 친구, 가족, 이웃 간의 관계에서도 차라리 저분과는 인연을 맺지 않았으면 좋았을 텐데 하는 아쉬움을 주는 만남도 있다. 만나고 싶지 않은 사람, 맺고 싶지 않은 인연, 그것을 소위 우리는 악연이라는 표현을 쓰기도 한다. "당신을 만나서 행복했고 너무 즐거웠습니다"라는 표현을 쓸 수 있는 만남을 우리 대부분은 원하고 있겠지만 어디 꼭 그럴 수만 있는가?

아름다운 자연의 풍경을 만나기까지 가파른 길도 걷고 때로는 더럽고 추한 풍경도 지나쳐야 하는 과정을 겪듯 축복의 좋은 인연, 아름다운 인연을 만나기까지는 원치 않은 만남, 꺼리는 만남을 필수적으로 거쳐야 하는지도 모른다. 미혼인 젊은이도 원하는 상대를 만나기까지 여러 번의 실망의 계단을 넘어야 하듯 우리가 평생 살아오는 동안 아름다운 인연이라고 생각하는 자를 단 한 명이라도 만난다면 그 사람은 행복한 사람일 것이다.

개인적으로 나는 초등학교 4학년 담임 선생님을 평생 잊지 못할 아름다운 인연으로 생각하고 있다. 나의 개성과 소질을 제일 먼저 발견해준 분으로 지금까지 삶의 방향에 큰 영향을 주신 인생의 나침반 같은 역할을 해주신 분이다. 그러나 지금은 안타깝게도 곁에 계시지 않고 하늘나라에서 미소 띤 인자하신 모습으로 우리를 지켜보고 계신다. 가끔 커피의 진한 향에 선생님의 모습이 오버랩되어 하얀 그리움과 쓸쓸함이 밀물 되어 요동치곤 한다.

이렇듯 친구 간이나 연인 간, 사제지간, 부모자식 간, 부부간에 서로의 상대를 좋은 인연으로 생각하며 함께 살아갈 수 있다면 얼마나 좋을까? 그와 반대로 "원수 같은 사람을 만났네, 나는 왜 이리 인덕이 없을까"라고 생각하며 사는 사람은 얼마나 인생이 지루하고 괴롭고 불행하겠는가?

상대방이 나와 다름을 인정하는 순간 사회성은 좋아지고 인간관계가 좋아질 수 있다고 한다. 즉 상대방이 밉고 불만스러워도 "그래 저 사람은 여러 가지로 나와 다른 사람이지"라고 인정하면 상대와의 불협화음도 힘들지 않게 넘어갈 수 있고, 짜증 나는 인간관계도 "좋지는 않지만 아주 나쁜 인연은 아니야"라며 여유와 너그러움을 가질 수 있을 것이다.

누군가와 만남, 인연을 맺기까지는 분명 보이지 않는 절대적인 누군가의 뜻이 있을 것이고 헤어짐을 선택하는 것은 분명 우리의 의지가 작용한 결과로 볼 수 있다. 그렇다면 아름다운 인연을 기다리기 전에 우리 자신이 누군가의 아름다운 인연이 되도록 우리 스스로 노력해 봄은 어떨까? 아름다운 인연을 꿈꾸는 모든 자에게 아름다운 인연으로 다가가 보자.

진정한 용서

살면서 우리는 누군가에게 의도치 않게 상처를 주고 또 상처를 받게 되는 경우가 있다. 상대가 의도적으로 우리에게 상처를 주려는 경우도 있지만 때로는 전혀 의식하지 않은 상황에서 부지불식간에 이뤄지는 상처도 있다. 상처는 마음의 상처와 신체적인 상처가 있는데, 신체적으로 생긴 상처는 시간이 지나면 자연히 아물고 새살이 돋아나지만 마음에 생긴 상처는 트라우마가 되어 시간이 흘러도 치유되지 못하는 경우가 종종 있는 것 같다.

살면서 이루어지는 다양한 만남 속에 그 누군가를 떠올리면 추억의 선물을 해준 고마운 사람으로 기억되는가 하면 반대로 어떤 사람은 미움과 분노의 활화산으로 우리에게 다가오는 사람도 있다. 우리에게 상흔을 남긴 그 누군가가 있다면 그 사람을 용서하기란 결코 쉬운 일이 아닐 것이다. 예전에 TV에서 과거 선생님의 편견으로 자신감을 잃고 성인이 되어서도 트라우마를 겪고 있는 연예인을 본 적이 있다.

평범한 우리도 행복한 추억을 만들어준 대상이 아닌 상처와 모욕을 준 者로 누군가의 기억에 남는다면 무척 불행하고, 상처를 준 과거의 행동이 후회스러울 것이다. 그렇다면 이렇게 의식적이든 무의식적이든 의도하든 의도하지 않았든 우리에게 상처를 준 者를 평범한 우리는 쉽게 편안한 마음으로 용서할 수 있을까?

물론 한마디로 어렵다고 단정할 수 있다. 그러나 용서는 그 대상을 이해하고 받아들여서가 아니라, 본인이 편안해지기 위해 해야 하는 필요한 작업일지도 모른다. 자신을 괴롭힌 누군가를 향한 미움의 불씨를 없애버려야 우리는 원망의 터널을 거쳐 행복의 터널로 진입할 수 있는 것이다.

과거의 기억을 없었던 일로 한다거나 그 사람의 잘못을 지워주려고 하는 것이 용서는 아니라고 한다. "즉 용서는 상대를 위한 것이 아니라, 우리 스스로가 상처에 얽매여 힘든 감정의 족쇄를 스스로 풀기 위함이다"라는 혜민 스님의 말씀처럼 내 안의 응어리로부터 자유로워지고 보다 새로운 출발을 하기 위해서도 용서는 반드시 필요한 것이다. 그렇다면 상처를 준 者가 상처를 받은 우리에게 진심으로 용서를 구하는 것은 불가능한 것일까라는 의구심이 들 수도 있다.

만약 상처받은 우리에게 진심으로 용서를 구할 수 없는 者라면 그 사람의 영혼이 불행하다고 볼 수 있으므로 아예 무시해버리고, 우리를 향한 자비의 눈길로 자신의 감정을 지켜다 보자. 그러다 보면 굳었던 마음이 점점 녹으면서 여유가 생기고 자신을 옥죈 과거의 틀에서 벗어나서 미래를 보는 혜안이 탄생할 것이다.

산다는 것은 누군가에게 상처를 주고 누군가로부터 상처를 입는 반복된 과정일지도 모른다. 누군가와 상처를 주고받지 않고서는 살아갈 수 없음을 우리는 알고 있다. 상처의 목록이 나날이 늘어가는 것이 人生인 것이다.

상처를 받은 모든 사람들이여! 용서란 비싼 통행료를 지불하고 자비의 눈길로 거듭 태어나 보자. 우리는 우리의 한 번뿐인 값진 人生을 분노의 감정으로 헛되게 낭비할 수 없으므로….

"용서할 수 없는 것을 용서하는 것이야말로 진정한 용서"라고 한다.

진정한 자존심

人間은 동물과 달리 자기애가 강하고 그 어느 무엇과도 바꿀 수 없는 자존심에 큰 가치를 두며 사색을 하며 살아가는 존재이다. 자존감이 높고 자기애가 강할수록 학업성취도가 높고 사회적 성취의욕이 높다고 한다. 그래서 학력이 높고 사회적 레벨이 높을수록 자존심이 강하고, 학력이 낮고 사회적 레벨이 낮을수록 자존심이 약할 것 같은 결론이 유추되지만 자존심은 학력이나 사회적 레벨과는 꼭 비례하는 것은 아니다.

자존감과 자존심의 뜻은 약간 다르다. 자존감은 스스로를 높이는 마음이고, 자존심은 남에게 보여지는 평가에 의해 달라지는 마음이다. 그러므로 자존감이 낮아도 자존심이 높을 수도 있다.

그러면 우리가 어떤 경우에도 자존심을 잃지 않고 지키는 방법은 무엇일까? 남을 너무 의식하면 안 된다는 것이다. 남에게 보여지는 것을 너무 의식해 항상 행복한 것처럼, 항상 완벽한 것처럼 보이려 하다가 내적으로 스트레스가 쌓이고 화병을 불러일으킬 수 있기 때문이다. 남에게 비춰지는 나, 남에게 평가되는 나를 너무 신경 쓰다 보면 진정한 자존심이 깨어져 있는 경우도 있을 수 있다.

진정한 자존심은 내가 얻고 싶은 것을 얻기 위해서 남에게 굽히지 않는 것이 아니라, 굽혀서라도 이루고 싶은 것을 이뤄내는 것일 수 있다. 우리는 남에게 아쉬운 소리 하기 싫고, 뭔가 부족한 것이 있는 듯 보여지는 것이 싫어 가식으로 자신을 치장하는 경우가 있다. "시야를 넓게 봤을 때 지금의 슬럼프는 다시 올라가기 위해 반드시 거쳐야 하는 하나의 과정"이란다.

'속 빈 강정'이라는 말이 있듯 겉으로는 다 차 보이고 부족한 것이 없는 듯 보이지만, 속이 비어 있는 것보다는 겉은 약간 허술해 보여도 속이 알찬 실속 있는 사람으로 살아가는 것이 현명하다는 것을 우리는 알고 있다. 또한 타인을 과도하게 의식하는 문화 때문에 각자의 행복지수도 낮다는 것을 인지해야 한다.

살면서 수많은 실패를 거듭해도 뭔가 퇴보하는 듯한 느낌이 들 때도 우리는 다시 기운을 내면서 용기를 갖고 일어서야 할 때가 있다. 내리막길도 우리 삶의 일부로 껴안고 가야 될 人生의 몫이기 때문이다. 즉 자존심이 강할수록 우리는 패배감을 인정하기 어렵고, 승리의 기쁨을 맛보기 위해서라도 더욱 처절한 노력을 아끼지 않게 된다.

진정한 자존심은 노력도 하지 않고 남에게 보여지는 평가만을 의식하는 것이 아니라, 땀 흘려 노력하고 사력을 다해 달려도 경기에서 우승을 하지 못했을 때 그래도 최선을 다했다며 후회와 미련 없이 당당해질 수 있는 자신감, 그것이 진정한 자존심일 것이다.

"아직도 넘어질 일과 일어설 시간이 남아있다는 것은 큰 축복"이라고 한다. 부딪히고 넘어지고 다시 일어서는 과정의 연속이 人生이라면, 지나치게 남을 의식하고 남의 평가에 의해 움직여지는 피동적인 삶이 아니라 자신의 의지와 척도로 행복 불행을 느끼는 주체적인 삶, 자존감을 잃지 않는 삶, 그런 삶을 꿈꾸는 자가 진정한 자존심의 소유자일 것이다.

"우리의 삶은 본래 우리의 것이 아니라 잠깐 빌린 것으로 잘 쓰고 돌려줘야 한다"는 누군가의 표현대로 조심스럽게 삶을 잘 가꾸고 다루어 멋진 삶의 완성체를 보는 그 순간 우리는 진정한 자존심의 소유자가 되어 있을 것이다.

"당신은 정말 특별하다는 것을 늘 명심하라"

아름다운 사제

그리움이 낙엽처럼 쌓여가는 계절! 나에게는 항상 그리움의 대상으로 추억 속에서만 만남을 이룰 수 있는 초등학교 선생님이 계시다. 선생님이란 존재는 어렸을 때는 거목으로 우리에게 쉬어갈 수 있는 그늘을 만들어주기도 하고, 힘들 때 기댈 수 있는 든든함의 표상으로 다가오기도 했다.

선생님을 통해 세상을 보는 눈을 갖추게 되고 푸른 꿈을 간직할 수 있기 때문에, 그 위력은 어떤 단어로도 표현할 수 없을 것 같다. 한 사람 인생의 방향을 설정하는 데 선생님의 말 한마디가 크게 작용한 경우도 우리는 종종 볼 수 있다. 어떤 이는 선생님의 칭찬 한마디에 작가가 되기도 하고, 의사나 과학자가 되기도 한다. 학생을 나름대로 세심하게 관찰한 선생님의 말씀은 한 인간을 넉넉한 자신감의 소유자로 살아갈 수 있게도 하고, 자존감 낮은 인간으로 살아가게도 한다. 살면서 문득문득 떠오르는 추억의 사진 속에 따뜻한 등불 같은 선생님이 존재한다면 그 사람은 무척 행복하고 축복받은 사람일 것이다.

트렌치코트가 무척 잘 어울리시고 가을 같은 쓸쓸한 이미지로 다가왔던 추억의 초등학교 선생님은 지금 생존해 계시지 않기에 더욱 애달프다. 살면서 행복한 일이 있을 때 또는 힘든 일이 있을 때도 선생님 생각이 문득문득 고개를 쭉 내민다. 지금 이 순간 글을 쓰는 작업에 보람을 느끼게 해 주신 분이기도 하기에 남다른 느낌으로 인생의 한 페이지에 선명하게 자리 잡고 계시다.

그러나 사제지간이 꼭 아름다운 관계로 남지 않는 경우도 있는 것을 보게 되는 요즘이다. 중고등학교에서는 스승과 제자가 서로 불신으로 불협화음이 나고, 대학교에서는 사제지간이 때로는 상하 주종관계로 성립되다 보니 이해득실을 따지는 바람직하지 않은 모습으로 비춰지게 되기도 한다. 지금과 달리 예전에는 선생님이 부모에 버금가게 소중하신 존재였고, 선생님 또한 제자를 그 누구보다 자식처럼 끔찍이 사랑하는 헌신이 있었다.

친구관계, 연인관계, 부모와 자식관계 등 그 어떤 관계보다도 사제관계는 이해득실을 따지지 않는 순수함이 있어야 한다. 선생님은 그저 따뜻하고 안쓰러운 마음으로 제자를 바라보고 제자는 비판이 아닌 공경의 마음으로 스승을 바라보아야 한다. 세상이 변하고 있다고 사제지간의 아름다운 情도 순수함을 잃은 퇴색된 관계로 변질되고 있는 것 같아 안타깝게 느껴진다. 포기하지 않는 노력들이 결코 헛되지 않음을 가르쳐주는 진정한 교사가 그립다.

그런 면에서 나는 영원히 잊지 못할 따뜻한 선생님을 가슴속에 품고 살 수 있게 됨에 너무 감사하다. 하늘나라에서 편안하게 계실 선생님. 지금 이 순간도 따뜻하고 인자하신 그 모습으로 제자들을 지그시 쳐다보고 계신 듯 느껴진다. 선생님 그곳의 겨울은 춥지 않은가요? 우리 모두 언젠가 웃는 모습으로 만나 봬요. 서로의 얼굴을 알아보지 못해 그냥 지나치지 않을지 걱정되네요.

"지갑 속에 돈이 없는 사람보다 가슴속에 추억이 없는 사람이 더욱 가난하다"고 합니다. 선생님 저를 부자로 만들어 주셔서 고맙습니다.

양심 내시경

건강검진의 하나로 우리는 위내시경, 대장내시경 등 검사를 받는다. 겉으로 보이지 않는 질병을 보다 자세하게 살펴보기 위해서 소화기관 깊숙한 곳에까지 기기를 집어넣어 세밀히 살펴보는 작업이다. 내시경 검사를 받는다는 자체는 나의 병이 있다면 조기에 발견해서 치료하여 건강한 몸으로 회복하여 보다 오래도록 살기 위함일 것이다. 이토록 신체상의 질병에는 신경을 많이 쓰면서 정작 각자가 지켜야 할 양심에 나쁜 암세포가 퍼져있는 것은 아닌지 왜 양심 내시경 검사는 하지 않는 것일까?

기본적인 상식과 도덕 양심을 저버리고 불법주차 무단횡단 하는 者들이 수도 없이 범람하고 있는 이 세상에서 우리는 과연 양심에 가책을 느끼는 정의로운 세상에 살고 있는 것일까? 모범을 보여야 할 정치인, 교육자, 기업인 등 많은 직업의 무리 중에 특히 상위그룹의 종사자들이 양심을 내버리는 경우를 종종 본다.

평범한 우리네는 때로는 그들의 양심에 호소를 해 보지만 눈앞의 이익에 급급하여 겉과 속이 다른 행동, 상황에 따라 수시로 변하는 말들을 내뱉기 일쑤다. 자신들의 행동만이 善이요, 상식인 듯 이분법적 논리로 재단하여 상대에게 오만한 태도를 보이기에 급급하다.

하나의 fact를 두고 보는 관점에 따라 왜 그리 사실이 다르게 평가되어지는지 놀랍기만 하다. 힘 있는 자, 더 부유한 자가 하는 행동은 때때로 상식에 어긋난 옳지 않은 행동일지라도 善이라는 이름으로 매우 정당하게 포장되고 힘없는 자, 덜 부유한 자의 행동은 아무리 상식적이고 옳은 행동을 보여도 비상식적이고 잘못된 행동으로 매도되기도 한다.

건강검진을 위해 자신의 소화기관을 들여다보듯 양심의 내시경을 각자 점검해 봐야 할 시기인 것 같다. 우리가 각자의 양심에 비추어 올바른 행동을 하여 살아가고 있는지 때로는 눈앞에 놓여 있는 사사로운 이익 때문에 양심을 전당포에 맡긴 채 비양심으로 소통하며 살고 있지는 않은지 우리의 민낯을 들여다볼 시간이다. 주위 어떤 분은 거짓말이 생활화되어 무엇이 거짓이고 진실인지 본인조차 구분하기 어려워 보는 이로 하여금 안타까움을 느끼게 해주는 경우도 있다. 상황에 따라 여러 개의 가면을 쓰고 수시로 변하는 모습이 놀라울 뿐이다.

살다 보면 큰 것을 얻기 위해 작은 것을 버려야 하는 경우가 종종 있고, 때로는 작은 것을 버리지 못해 탐하다가 큰 것을 잃는 경우도 있다. 그러나 소신과 원칙으로 상식을 저버리지 않고 생활해 나간다면 결코 소중한 것을 잃게 되는 안타까운 경우는 없을 것이다.

그 누가 하늘을 우러러 한 점 부끄럼이 없겠냐마는 그래도 남의 잘못에는 관대해도 자신에게는 철저히 인색한, 불의를 보면 나설 수 있는 소신 있는 者가 필요한 요즘이다. 건강한 몸을 위해 매년 행해지는 건강검진처럼 자신 양심에 비추어 비굴하게 비상식적인 삶을 영위하고 있지는 않은지 양심 내시경으로 내 양심을 검진해 보자. 양심을 좀 먹는 비양심의 암세포는 없는지…. 양심의 암세포가 양심을 해치고 있다면 하루빨리 도려내야 새 살이 새로운 양심이 싹틀 것이다.

"옳게 사는 법은 자기 주변 것을 다 버리더라도 자기 자신만은 버리지 않는 것"이라는 피천득 선생님의 말씀처럼 자신의 본질을 지키는 힘은 바로 자신에게 있는 것이다. 영혼을 팔고 양심을 저버리고 세상을 얻으려 하지 말고 자신의 양심에 떳떳하게 당당하게 살면서 얻고자 한다면 저절로 구하게 될 것이다.

뒷모습이 아름다운 사람

　우리는 앞모습이 아름답게 보이기 위해서는 곱게 화장을 하고, 예쁜 옷으로 치장하는 등 노력을 게을리하지 않는다. 그 위에 촌스럽지 않은 세련된 매너를 갖추기 위해서도 온갖 정성을 기울인다. 어떻게 하면 남의 눈에 개성 있고 멋있는 모습으로 비춰질까 매 순간 고민하고 또 고민한다. 그러나 정작 우리의 뒷모습은 남에게 어떻게 비춰질까 생각하지 않는다. 아니 생각한들 뚜렷한 방법이 없어 포기하는지도 모른다.

　요즘은 운동을 많이 해서 뒷모습의 근육도 신경을 많이 쓰다 보니까 뒷모습이 무척 당당하게 보이는 전문운동인 같은 일반인들이 많은 것 같다. 어쩌면 앞모습보다는 뒷모습이 우리의 인생을 보여주는 우리의 민낯일지도 모른다. 큰 고민이 있어도 앞모습은 거짓미소와 화사한 화장으로 일시적으로 잿빛 고통을 감출 수 있으나 뒷모습은 꾸며지지 않은 마음상태 그대로 표현된다.

　삶이 고단한 사람은 어깨가 축 처지고 힘이 없고 땅을 보고 걷기가 일쑤이지만, 지금 행복한 사람은 어깨를 바로 세우고 등을 일자로 뻗어 정면을 응시하며 당당히 걷게 된다.

　뒷모습은 지금 이 순간 우리 인생의 한 단면을 진실되게 그대로 보여주는 것이다. 슬프면 슬픈 모습으로, 기쁘면 기쁜 모습으로 꾸미지 않은 아니 꾸밀 수 없는 뒷모습은 솔직하게 우리의 감정을 보여주고 있다. 그 말대로라면 왠지 뒷모습이 쓸쓸하게 보이는 사람은 지금 많이 외로운 사람일 것이다.

누구나 깁고 다듬어야 할 자기만의 삶의 그물을 잘 손질한다면 우리는 덜 외로울 것이다. 내일을 잃지 않기 위해 오늘을 더욱 열심히 살면 앞모습뿐만 아니라 뒷모습이 더욱 아름다운 사람으로 남을 수 있다. 앞모습이 이승이라면 뒷모습은 죽고 난 후의 그 사람의 모습이 타인에게 남겨진 흔적이다. 떠날 때 뒷모습이 아름답게 남기를 우리 모두는 원하고 있기에 지금 이 순간 더욱 열심히 살아야 하는지도 모른다.

"결국 우리에게 남는 것은 물건이 아니라, 누군가를 마음껏 사랑하고 사랑받았던 기억"이란다. 감동이 있는 한 편의 시를 남길 수 있다면 우리의 뒷모습은 무척 아름다울 것이다.

세상에서 가장 아름다운 모습

인간과 자연을 통틀어서 이 세상에서 가장 아름다운 모습은 무엇일까?

엄마 배 속에서 사랑을 듬뿍 받고 홀로 편하게 있다가 이 세상과의 첫 소통을 위해 엄마 문밖으로 나온 신생아의 해맑은 모습, 자립적으로 부모 도움 없이 처음으로 혼자 서 보고 혼자 걸음마를 아장아장 시도해 보고 있는 생의 의욕으로 충만한 아가 모습, 아니면 꿈과 열정으로 가득 찬 자신만만한 20대 미녀의 아름다운 모습, 중년의 여유로운 자태의 거울 앞으로 돌아온 국화꽃 같은 당신 모습, 얼굴에 주름이 쭈글쭈글 가득하지만 손주를 바라보는 자애로움과 사랑으로 가득한 인자한 할머니 모습. 그러고 보니 우리가 호흡하고 있는 주위에는 너무나도 아름다운 자연과 함께 아름다운 사람의 모습이 무척 많다는 생각에 행복감이 새삼 밀려든다.

'아름답다'는 것은 '예쁘다'라는 단어와는 약간의 차이가 있다. 그저 보이는 겉모습 자체가 고울 때는 '예쁘다'라는 표현도 쓰지만, 겉모습 너머로 내면적으로부터 풍겨 나오는 인간미가 플러스 될 때 '아름답다'는 표현을 쓸 수 있으므로 사람에게 아름답다는 표현은 최고의 찬사가 될 수 있을 것 같다. 도도하고 고고한 자태의 여인을 닮은 목련 꽃망울도 너무 아름답고, 아가의 노란 미소를 닮은 개나리도 황홀의 극치를 보이고, 예쁜 사랑에 빠져 있는 소녀의 얼굴처럼 수줍은 표정을 짓고 있는 진달래도 그 아름다움의 순위를 매기자면 뒤처지지 않고….

이 세상에는 우리가 보고 싶지 않은 추한 모습보다 아름다운 모습이 너무 많은 것 같다. 이 모든 아름다운 모습에서 최고로 아름다운 화면은 어떤 것일까? 개인적인 생각으로는 오랜 시간 함께 백년해로한 노부부가 서로를 의지하며 서로의 손을 꼭 잡고 다정하게 걸어가고 있는 모습이 무척 아름답다는 생각이 든다. 그동안 많은 사연이 있는 힘든 시간을 함께하며 열심히 살아온 서로를 측은해하며 生의 남은 시간이 길지 않음에 안타까워하면서 사랑스런 눈길을 보내는 노부부의 모습! 시간은 흐르고 우리도 언젠가는 저렇게 힘없는 모습으로 늙어 갈 텐데 과연 저렇듯 아름다운 모습을 우리도 연출할 수 있을까 하는 부러움과 함께 의구심이 잠시 고개를 들기도 한다. 예전에 '세상에서 가장 긴 시간 호스피스의 生活'이라는 TV프로에서 말기 암 환자인 할아버지를 극진히 간호하는 할머니의 모습을 본 기억이 난다.

그 어느 신혼부부보다 간절히 서로에게 사랑스러운 눈길을 보내는 죽음을 앞둔 마지막 노부부의 모습은 우리가 생을 다하는 그 순간까지 진정으로 사랑하고 보듬어야 할 존재가 다름 아닌 가족, 그중에서도 부부라는 것을 보여주는 것 같았다. 세상에 영원한 것은 없으며 가장 덧없는 것이 가장 아름다운 것이란다.

인생은 잠시 놀러 왔다 돌아가는 소풍이기도 하고, 또한 여행이기도 하다. 차갑게 서 있는 운명이라는 벽에 부딪히며 이리저리 다니면서 세상을 구경하다가 가면 되는 곳. 여행의 종착역이 보이려는 시점에 있는 노부부의 서로에 대한 애틋한 사랑은 그 어느 모습보다 아름다워 보인다. 세상에는 우리가 보지 못하거나 무심코 지나치는 아름다운 모습이 곳곳에 산재해 있다. 우리가 아름다운 마음을 가질 때 투영되는 모든 것들이 아름답게 보일 수 있는 것이며, 추한 생각과 추한 마음을 가진다면 주위의 아름다운 정경도 아름답게 볼 수 없는 눈뜬장님이 될지도 모른다. 시력 못지않게 중요한 것은 시각으로 시야를 넓게 봄으로써 세상을 더 넓고 넉넉하고 아름답게 볼 수 있을 것이다.

캄캄한 밤이 되고서야 비로소 눈에 보이는 것이 있다고 한다. 그리고 놓아 버리면 종종 아름다운 것들이 보이기 시작한다. 당신이 꼽는 세상에서 가장 아름다운 모습은 과연 어떤 모습일까?

후기

　세상을 바라보는 눈이 좀 더 따뜻하고 여유로워지길 바라는 마음으로 수필집 「아직 못다 한 말」을 발간하게 되었습니다.

　오랫동안 밀린 숙제를 마무리한 것 같아 마음이 가벼우면서도 한편으론 민낯을 보인 것에 대한 두려움도 밀물처럼 밀려옵니다.

　그러나 지금 곁에 있는 누군가의 소중함을 알고, 존재하는 주위 모든 것에 감사함을 느끼는 기회를 만들고자 이렇게 독자에게 소통의 장을 프로포즈하게 되었습니다.

　가슴이 따뜻해지는 감동과 함께 잔잔한 울림으로 독자 스스로 감성의 문을 노크할 수 있기를 진심으로 소망합니다.

저자 이지숙

그리운 시절 한 컷